CIDADE CERZIDA
A COSTURA DA CIDADANIA NO MORRO SANTA MARTA

PUC RIO

Reitor
Pe. Josafá Carlos de Siqueira, S.J.

Vice-Reitor
Pe. Francisco Ivern Simó, S.J.

Vice-Reitor para Assuntos Acadêmicos
Prof. José Ricardo Bergmann

Vice-Reitor para Assuntos Administrativos
Prof. Luiz Carlos Scavarda do Carmo

Vice-Reitor para Assuntos Comunitários
Prof. Augusto Luiz Duarte Lopes Sampaio

Vice-Reitor para Assuntos de Desenvolvimento
Prof. Sergio Bruni

Decanos
Prof. Paulo Fernando Carneiro de Andrade (CTCH)
Prof. Luiz Roberto A. Cunha (CCS)
Prof. Reinaldo Calixto de Campos (CTC)
Prof. Hilton Augusto Koch (CCBM)

Adair Rocha

CIDADE CERZIDA
A COSTURA DA CIDADANIA NO MORRO SANTA MARTA

Editora PUC RIO

PALLAS

© Editora PUC-Rio
Rua Marquês de S. Vicente, 225
Projeto Comunicar – Casa Editora/Agência
Gávea – Rio de Janeiro – RJ – CEP 22453-900
Telefax: (21) 3527-1760/1838
www.puc-rio.br/editorapucrio
edpucrio@puc-rio.br

Conselho Editorial
Augusto Sampaio, Cesar Romero Jacob, Fernando Sá, José Ricardo Bergmann, Luiz Roberto Cunha, Miguel Pereira, Paulo Fernando Carneiro de Andrade e Reinaldo Calixto de Campos.

Revisão de originais	*Revisão de provas*
Gilberto Scheid	Debora Fleck
Editoração	*Ilustração de capa*
José Antônio de Oliveira	Aroeira

© Pallas Editora
Rua Frederico de Albuquerque, 56
Higienópolis – Rio de Janeiro – RJ – CEP 21050-840
Tel.: (21) 2270-0186
www.pallaseditora.com.br
pallas@pallaseditora.com.br

Editores
Cristina Fernandes Warth e Mariana Warth

Coordenação editorial	*Produção editorial*
Raphael Vidal	Aron Balmas

Todos os direitos reservados. Nenhuma parte desta obra pode ser reproduzida ou transmitida por quaisquer meios (eletrônico ou mecânico, incluindo fotocópia e gravação) ou arquivada em qualquer sistema ou banco de dados sem permissão escrita das Editoras.

(Este livro segue as novas regras do Acordo Ortográfico da Língua Portuguesa.)

Rocha, Adair
 Cidade cerzida: a costura da cidadania no Morro Santa Marta / Adair Rocha. – Rio de Janeiro : Ed. PUC-Rio: Pallas, 2012.
   192 p. ; 23 cm

   Inclui bibliografia

 ISBN Ed. PUC-Rio: 978-85-8006-057-7
 ISBN Pallas: 978-85-347-0482-3

         1. Favelas - Rio de Janeiro (RJ) – Aspectos sociais. 2. Santa Marta (Rio de Janeiro, RJ) – Condições sociais. 3. Cidadania. I. Título.

                                    CDD: 307.3098153

Vicentina e Sebastião, meus pais.

Gabi e Leo, também porque são meus filhos, mas porque são meus amores, que desde cedo aprendem a cerzir.

E também,
Márcio D'Amaral, pela orientação e com Tereza e Cati pela amizade fraterna.

Itamar, Gilson, Zé Diniz e Maura, que simbolizam os "Silva", a Folia e o ECO do morro.

Aos amigos, colegas, professores, alunos, militantes entre a academia e a favela, que não me permitem citar nomes mas que se sabem presentes.

A suntuosa Brasília, a esquálida Ceilândia contemplam-se.
Qual delas falará primeiro?
Que tem a dizer ou a esconder
uma em face da outra?
A miséria, irmãos, foi dignificada.
(...) Haverá um céu privativo dos miseráveis.
(...) Qual, enfim, a maior favela brasileira?
(...) o júri
declara-se perplexo,
e resolve esquivar-se
a qualquer veredicto,
pois que somente Deus
(ou melhor, o Diabo)
é capaz de saber das mores, a maior.

Carlos Drummond de Andrade,
Favelário Nacional.

Prólogo

Itamar Silva

Pensar a Cidade
Pensar os Morros da Cidade
Pensar as Favelas nos Morros da Cidade
Pensar os Moradores das Favelas nos Morros da Cidade

A antropologia fala-nos do "estranho social" como possibilidade da compreensão do outro na busca da convivência. O respeito às diferenças e o estabelecimento do equilíbrio social.

Talvez se me permitissem os acadêmicos (pelos quais tenho profundo respeito), gostaria de brincar, não com o conceito, mas com as palavras: estranho e social. Estranho, segundo a definição do dicionário Aurélio, é aquele do qual não se tem informações, conhecimento. É um desconhecido que quando nos deparamos com a sua existência sentimo-nos desconfortáveis, inseguros. Social, numa primeira acepção, diz daquilo que pertence a um determinado conjunto de normas que estão referidas a uma expectativa de comportamento num grupo predefinido. Ou, se tomamos o linguajar do planejamento público, vamos dizer que o social são aquelas ações que deveriam ser destinadas a diminuir as desigualdades entre o povo de um país. O social está referido à ordenação das relações entre as pessoas.

Se aplicamos essas duas palavras às favelas vamos perceber que a maioria das pessoas que vivem fora da favela não conhecem seus moradores, seus hábitos e sua dinâmica cultural e desconfio que, em alguma medida, nem mesmo sua dimensão humana. Eles são estranhos para aqueles, daí o medo, o distanciamento autoprotetor das violências estruturais que os condicionam e um certo desconforto quando estes reivindicam respeito e autonomia em suas ações. O código social aplicado aos favelados só lhes permite se comportarem como escravos domésticos que serão cada vez mais aceitos e estimados quanto mais submissos e cordatos. É a aplicação da norma feita daqueles para estes. No entanto, a palavra social é inerente à vida em sociedade, e aí se estabelece um paradoxo: como ser sociedade sem ser reconhecido como tal?

É preciso se restabelecer os conceitos e avançar na afirmação de que não se cresce com a negação do outro, que a cidade é o espaço privilegiado do encontro, e que a cidadania se constrói no respeito às diferenças, na busca de superação das desigualdades e na incorporação do outro como possibilidade de convivência.

O ideal da cidade cerzida seria que nenhum morador, nem do asfalto, nem da favela, fosse tratado como estranho.

Os últimos 15 anos explicitaram um tipo de violência que teve como palco e cenário as favelas e, via de regra, a responsabilidade tem recaído sobre "essa população", que parece não dominar os códigos da vida em sociedade. Talvez, fosse interessante que se levantassem algumas estatísticas para melhor compreensão desse processo: quantas balas foram disparadas pela polícia e pelos bandidos? Qual o controle que se tem sobre o uso de munição pela polícia? Quantos policiais morreram em combate nos morros? Quantos bandidos? Quantos moradores não bandidos? Quantos jovens chamados de bandidos? Quantas famílias se deslocaram em busca de paz? Quantos barracos foram arrombados pela polícia ou pelos bandidos? Quantas horas de sono famílias inteiras perderam na vigília? Quantos tiveram que mentir no trabalho, para justificar faltas e atrasos, sem poder dizer que não puderam descer porque o morro estava em "guerra"? Quantas mães engoliram o choro dilacerante de saber o filho morto e não poder enterrá-lo? Quantos tiveram que abandonar suas casas, investimento de anos de tijolo morro acima, porque tinha alguém da família "envolvido" na guerra?

No morro, a polícia não é símbolo de segurança para seus moradores: se há um conflito armado entre dois grupos do narcotráfico, ela só sobe o morro depois que há mortes e pressão dos moradores. Se os traficantes ameaçam uma família e a obrigam a deixar sua casa, a polícia não tem mecanismos para garantir a sua permanência nem o seu patrimônio. (Será que esse conceito se aplica às favelas?)

É perversa essa relação com a polícia porque não dá para viver sem ela, pois, em tese, a sua presença poderia impedir as disputas territoriais pelo controle do tráfico. No entanto, a sua atuação nas favelas é a dura constatação de uma cidadania de segunda classe, pela vivência do tratamento diferenciado e saber de perto da corrupção e desmando sem nada poder fazer. É viver cotidianamente a impossibilidade de ser cidadão pleno de direitos.

Sumário

Prefácio – J. Sérgio Leite Lopes 15

Apresentação
Quando o bicho pega 19

Primeiro Capítulo
Entre o pensamento e a vida 23

Segundo Capítulo
O olhar e os ecos do olhar 49

Terceiro Capítulo
Juventude, cultura e riscos – Quando o presente se apresenta na ilusão do futuro 97

Quarto Capítulo
Como pensar a relação confronto/conflito/encontro 125

Quinto Capítulo
É possível uma outra cultura de segurança? 147

Conclusão 175

Referências Bibliográficas 185

Prefácio

J. Sérgio Leite Lopes

Este livro traz importantes contribuições para o entendimento das complexas relações entre a favela e o "asfalto", e o faz em particular iluminando a constituição do grupo historicamente mobilizado na favela Santa Marta para atividades de organização dos moradores do seu bairro, com o intuito de promover sua melhoria material e simbólica. Os resultados do livro foram produzidos graças à longa convivência "comunitária", política e afetiva do autor com o grupo. De fato, após 16 anos de presença junto ao grupo, através de afinidades religiosas com alguns, políticas com outros, e uma amizade reafirmada a cada ano com os promotores da Folia de Reis local, o autor pôde ter uma entrada e uma permanência em campo permeada pela confiança de diversas redes de sociabilidade do morro, girando em torno do grupo que tem sido um promotor continuado da cidadania local.

Destaca-se no livro a análise sobre a importância do jornal comunitário *ECO*, produzido por grupo do mesmo nome, desde o final dos anos 1970 até agora, compondo o fio da meada da história das tentativas de organização e reorganização dos moradores da favela. Essa análise ocupa o capítulo 2 do livro e parte do capítulo 3. (A análise é feita com base no fechamento do conteúdo do jornal e nas entrevistas com membros do grupo.) No capítulo 2 há uma interessante história da constituição do "trabalho comunitário" no morro, na relação do grupo com agentes externos e parcerias. Há também aí uma história do morro elaborada pela colaboração entre moradores e pesquisadores, as diferentes fases atravessadas pelo trabalho comunitário até as atividades dos últimos anos. Há menções ao período inicial do grupo, com suas relações externas e seu crescimento na conjuntura de mobilização do início dos anos 1980, e a conquista da associação dos moradores. Aprende-se no livro a história da associação, com suas duas gestões de destino tão diferenciado, a primeira em ascensão, a segunda já com o enfrentamento dos problemas associados à política partidária estadual e municipal e ao grande problema de entrada e expansão do narcotráfico. Acompanha-se no relato de Adair Rocha o período crítico da guerra do tráfico e também dos desabamentos de moradias em decorrência de fortes chuvas e das características de declive do terreno. E depois um período de retreinamento dos grupos de organizadores da associatividade para atividades da organização do lazer e da formação dos jovens.

Cidade cerzida é, assim, um livro essencial para se entender a história mais recente das favelas cariocas, dado esse pano de fundo contextualizador das tentativas de organização da associatividade local enfrentando todo tipo de dificuldade, desde as carências materiais, de acesso aos serviços públicos e em particular a um percurso escolar continuado, desde a estigmatização associada à pobreza que a condição de favela reitera e reforça, até a atração espacial e social exercida pelo morro para a entrada do comércio de drogas, com sua sequela de violências. O livro mostra, assim, o papel estratégico desempenhado pelos ativistas da associatividade e da promoção da cidadania no morro, história essa que fica ofuscada pelos acontecimentos mais espetaculares e midiáticos que acabam se voltando predominantemente para os episódios da guerra do tráfico. Sem a compreensão dessa história local da construção da associatividade – ilustrativa por comparação com as de outras favelas – torna-se difícil entender as transformações recentes desses bairros cariocas. *Cidade cerzida* traz essa importante contribuição no momento mesmo em que é sentido como fundamental para o desenvolvimento democrático da cidade o encaminhamento de soluções para a melhoria das condições de vida materiais, simbólicas e de acesso à educação das populações residentes nas favelas.

Na sua terceira edição, o livro atualiza a vida em movimento da cidade do Rio de Janeiro, espelhada no Santa Marta, onde se implentou a primeira Unidade de Polícia Pacificadora, que sugere a pergunta-chave na relação da sociedade, simbolizada nos moradores e nas ações comunitárias, sociais, culturais e políticas com o governo: é possível uma outra cultura de segurança?

Apresentação

Quando o bicho pega

A favela, hoje cada vez mais bairro, onde quer que se encontre, na zona sul, no centro ou nas periferias, está na raiz da questão social brasileira, de herança escravista, cujo tratamento hierarquizado, diferenciador e desigual, marca a construção e a manutenção da cidade e da sociedade.

As contradições urbanas, hoje, nos obrigam partir de, no mínimo, duas constatações: de um lado, a sofisticada aparelhagem da informação cria quase que a ilusão da perfeição, não fora a corrida na direção do caos, que a exclusão proporciona. De outro, as desigualdades gritantes e a multiplicidade cultural obrigam a ditadura do pensamento único a dissimular a "lei do jabá", a lei do silêncio, a lei do malandro, a lei do terno (ou "sabe com quem está falando?").

Tais questões caracterizam a necessidade de ruptura do processo de desenvolvimento, cuja natureza política aponta para a cultura como possibilidade da aproximação das relações de saber e de poder. Isso permite identificar, por exemplo, os conflitos cada vez mais acirrados entre favela e asfalto como sendo dimensões de uma só e mesma cidade.

Por que é inaceitável o óbvio ululante, cantado em verso e prosa pelos intelectuais orgânicos que hegemonizam a formação da opinião pública contemporânea, que reza a normalidade da dicotomia favela/asfalto?

Quem são esses intelectuais?

Quais os sintomas das relações perigosas?

Como uma favela, que, em particular, é "morro", enfrenta e vive o processo de superação e de ruptura dos horrores da cidade partida, no processo de construção da cidade cerzida?

Saber e poder certamente são caminhos para se desvendar as causas da existência de tal fenômeno, que se arrasta, não nas asas da liberdade, mas no solado do coturno da desigualdade, o que ainda se vê hoje, apesar de todos os avanços intelectuais, tecnológicos e econômicos, ao lado do crescimento assustador da pobreza.

Se as favelas, especialmente nas grandes cidades, sintomatizam essa relação que transforma a segurança no principal desafio de ordem política, para se estabelecer o controle e a disciplina desse crescente espaço de reclusão de excluídos, algumas categorias teóricas entraram na dança para ajudar a explicar tais fenômenos.

A contrapartida é necessária. Porque, segundo a lógica linear do sistema, as explicações se esgotariam no controle de tais categorias. No entanto, as contradições da realidade mostram que há variáveis que podem mudar o curso da história, sobretudo quando o que está em jogo é a luta pela sobrevivência.

Ocorre que, com identidades e estratégias culturais próprias, a favela supera e rompe os grilhões da disciplina, do controle e da autoridade autoritária, com a ousadia da festa, da poesia, do samba, da arte, da coragem do trabalho e da produção, apesar de conviver com a criminalidade, com o tráfico de drogas e com a violência, em geral, territorializados no gueto.

Estabelecem-se conversações que aparentemente não concorrem com a força e a organicidade dos meios de comunicação que chegam também às favelas.

Quais as contradições explícitas de tais conversações é a pergunta à qual se procurará responder pela via da imagem, da organicidade e das transformações individuais e coletivas, aí conseguidas por moradores do morro juntamente com aliados espalhados pelo conjunto da cidade.

Os "donos do morro", em geral, se autorizam a decidir sobre a vida da comunidade. As ambiguidades que cercam os significados das várias categorias presentes nessa pequena frase, mas de altíssimo alcance, pressupõem o variado número de relações que interferem direta e imediatamente na vida da favela e do asfalto.

O "morro" tem "dono"? O próprio tráfico de drogas, área de domínio que é ampliada também para o "morro", tem dono? E o Estado age também como se fosse dono, ainda que mais no papel de algoz?

E, assim, os ingredientes formadores de opinião para a cultura da "guerra" e os que se põem na posição estratégica de domínio do território estão reunidos.

Por isso, as leis do "morro" – na expressão do silêncio, do medo ou do ingresso nas fileiras do "exército", que vai lutar contra a oficialidade fragilizada – vão funcionar na esteira da luta pela sobrevivência.

E o permanente risco da remoção continua fazendo do asfalto o inimigo constante que ameaça a existência das favelas, sobretudo quando se situam nos morros da zona sul. É a dicotomia que opõe as partes.

Comumente pergunta-se qual o risco da favela descer e ocupar o asfalto (aliás, algo que ela já faz todos os dias, colocando a cidade em funcionamento). Tal questão, associada ao outro movimento que hoje chama a atenção da sociedade brasileira e internacional, que é o dos sem-terra (MST) na luta pela reforma agrária, recoloca em pauta o tema da propriedade, seja em sua dimensão privada, seja em seu aspecto coletivo e social.

Assim, categorias como "invasão" ou "ocupação" precisam ser retomadas diante do disparate sistêmico que protege modelos concentradores e geradores dos latifúndios rurais, urbanos e do ar – rede da comunicação –, que criaram monstros como os acampamentos de beira de estrada e as favelas da margem das cidades.

Por isso, invertem-se as situações. A ameaça que o asfalto sente, de um dia a população desvalida descer o "morro", é apenas um sintoma da defesa e do reforço de um modelo de organização de cidade que já invadiu o "morro" há muito tempo, desde que privou seus moradores de condições dignas de existência.

Ou seria possível pensar que os jovens, tendo as melhores escolas, a infraestrutura básica de saúde, de lazer e de possibilidades de realizar seus desejos profissionais, afetivos e de consumo, ainda optariam pelo "exército do tráfico de drogas", entregando-se à aventura da relativização da vida, entrando pelo portal da guerra, que aciona a morte precoce?

E a situação da violência que ainda tensiona as relações no tecido urbano, habitado pelos moradores do não lugar, que acolhem o mercado da ilegalidade?

Qual o desafio para a retomada do território urbano localizado na favela?

Primeiro Capítulo

Entre o pensamento e a vida

Favela e sociedade – uma introdução

Diversos estudos, pesquisas, teses, textos, artigos, livros, documentários e filmes de ficção têm sido elaborados especialmente sobre o morro Santa Marta e sobre a favela, em geral. Há, no entanto, uma prevalência do tema da violência. A imprensa cotidiana a divulga amplamente nas páginas policiais, imprimindo a "normalidade" do tráfico de drogas, do assalto, do assassinato e da bandidagem. Mas, apesar da modernidade avassaladora, especialmente dos meios de comunicação, em muitas favelas e também no Santa Marta, com ênfase desde o fim dos anos 1970, os jornais de resistência foram um instrumento precioso para a comunicação de aspectos interessantes do cotidiano dos moradores e dos acontecimentos da comunidade, da cidade e do país, passados numa versão mais próxima da lógica ali vivenciada.

Por outro lado, têm sido amplamente divulgadas, discutidas, recorridas e ampliadas as implicações da política, sobretudo em sua dimensão eleitoral, que vêm criando tradições e histórias, seja do ponto de vista estrutural, reforçando, por exemplo, a teoria do populismo, seja em suas implicações conjunturais que reproduzem, em vários casos, a imagem do voto de cabresto – de origem nos velhos rincões da zona rural – às bicas d'água na favela e na periferia. Essas seriam implicações políticas e econômicas mais globais, mas que podem se consolidar travestidas em culturas dominadoras e excludentes, exigidas para a manutenção da ordem vigente.

Cenário de acontecimentos desconcertantes, segundo a ordem definida pela cidade, a favela, essa cidade real – o morro Santa Marta, com aparência cenográfica, por seu panorama geo-político e arquitetura especial –, tem levado o mundo a testemunhar, nos últimos anos, desde a polêmica presença do *megastar* Michael Jackson às guerras de quadrilhas pelo comando e controle do tráfico, passando por eventos culturais e religiosos que fazem a favela acontecer.

Que impactos a diversidade de saber e de saberes alavancam para a acomodação ou para o estranhamento das relações de poder estabelecidas pelas instituições vigentes ou ameaçadoras da permanência de seu futuro?

Pode-se dizer que há, no bojo dessa vontade de poder latente, populações numerosas e reclusas, em guetos na cidade, que exigem controle da sociedade e regulação da cidadania.

Parece bastante problematizada a questão que envolve a relação "morro/asfalto", exigindo, nesse momento, a delimitação de seu tratamento, tanto do ponto de vista dos acontecimentos que levam a este estudo, quanto da contribuição teórica a ser dada, que permita apresentar a favela como a radicalidade da submissão à hierarquização da desigualdade dos modelos e sistemas da estrutura do Estado moderno, que se submete, por sua vez, à lógica instrumental do mercado, justificando contundentemente a lógica da "cidade partida".

Para tanto, pelas complexidade e diversidade características das principais relações internas da favela e de sua interação com o asfalto, faz-se necessário apontar, aqui, com a máxima precisão e objetividade, as bases a partir das quais se pretende rediscutir, descobrir e, se possível, redimensionar a compreensão do discurso em torno da produção do saber e do poder de instituições legitimadas por setores da sociedade e da cidade, que, aparentemente, ditam critérios.

Trata-se, portanto, de analisar algumas falas de moradores do morro, elaboradas a partir de manifestações reconstituidoras de questões que envolvem seu dia a dia, a partir de vídeos, filmes e pesquisas, onde o tema da violência abre espaço para que se fale da cultura, da religiosidade, das esperanças, das expectativas e das decepções de sua população.

Retoma-se aqui uma iniciativa do grupo de moradores, do grupo ECO e de pessoas de fora da comunidade, presentes em assessorias e em trabalhos individuais, para se resgatar a história do morro Santa Marta, buscando aproveitar não apenas o discurso da memória da fala dos mais antigos moradores dali, mas também problematizar as falas em suas diversas formas de expressão.

O morro se expressa, enfim, em discursos de saber e de poder, especialmente quando suas falas confrontam-se com as do asfalto, com a segurança-polícia, com o tratamento desigual e diferenciado exigido pela existência do social.

Para introduzir a apresentação geral desse tema, com suas implicações, ter-se-á como primeira base as contradições entre o discurso da imagem e a imagem do discurso por meio de exemplos práticos: um *spot* ou um curta-metragem em vídeo, feito em parceria por Arthur Omar e Ivana Bentes, que mostra o seguinte e intrigante quadro: São Sebastião saindo do morro em procissão, no dia 20 de janeiro, com o grupo religioso da Folia de Reis e grande parte da população do morro. Ao mesmo tempo, vê-se a imagem do cantor e bailarino Michael

Jackson, que entra pelo outro lado, isto é, pelo alto do morro, num acontecimento que traz, de alguma maneira, o Primeiro Mundo à favela. Entremeando essas imagens, outros dois acontecimentos, também dinamicamente filmados – um, com o grupo de dança *Esculpir*, que se espelha e se espalha pelas lajes, janelas, ruelas e quadras da favela, interagindo com a rua, com personagens da cultura grega, congelados em estátuas que se expressam em movimentos, e outro vídeo, *Duas semanas no morro*, ainda problematizando a relação "morro / asfalto" –, exibem imagens de adolescentes que contrapõem desejo e inércia como bem demonstra esta fala: "...eles querem que a gente seja gari, mas isso a gente não quer. Eu gostaria de ser um desenhista profissional. Mas sei que isso eu não vou conseguir, então eu me conformo..." (Depoimento de Marcinho VP, então foragido da prisão a que foi condenado por comandar o tráfico de drogas no morro Santa Marta.)

Esse último vídeo, lançado logo após a guerra entre Zaca e Cabeludo – apelidos consagrados dos dois principais concorrentes no tráfico de drogas do morro, no ano de 1986, que resultou num dos embates mais divulgados nacional e internacionalmente pela mídia, e que mostrou de forma definitiva o poder de fogo das armas usadas por traficantes de drogas na favela –, será usado como um dos objetos básicos deste estudo. A coincidência de acontecimentos, entre a dita guerra e o lançamento do vídeo no mercado, serviu, ainda que em microespaços de divulgação, para confrontar as leituras e as interpretações, bastante conflitantes, do asfalto sobre a favela e, ao mesmo tempo, de grande contribuição por meio da fala da imagem.

Outra base deste trabalho fundamenta-se nos dados levantados pela pesquisa "Organizações comunitárias e favelas", que, posteriormente, foi publicada pela Editora Vozes com o título: *Favelas e organizações comunitárias*. É um tratamento da leitura e do estudo feitos por um grupo de moradores-pesquisadores, aliados a alguns membros do meio acadêmico tradicional, que se defrontam com os problemas e com a busca de suas soluções, concomitantemente. As atitudes e os desdobramentos do conhecimento que se confrontam com as práticas do poder público, ao mesmo tempo em que as mais diversas formas de manifestação, de organização e de resistência da comunidade estão presentes, tornam-se importantes para o estudo pretendido.

Por último, será utilizado o acontecimento da já citada presença do *megastar* Michael Jackson no morro e tudo o que ele trouxe para essa comunidade: do cineasta Spike Lee à fina tecnologia de comunicação e de cinema, bem como as diferentes reações de seus moradores e, mais ainda, a reação do poder público, especialmente a dos órgãos ligados à segurança do Estado do Rio de Janeiro, que se sentiram ameaçados pela forma de negociação direta realizada entre a produção do evento e os traficantes da favela.

Abrem-se as cortinas e se vislumbra na cidade do Rio de Janeiro, de forma mais reveladora, o cenário favela/asfalto, sobressaltado de tensão, de medo e de possibilidade de criação, e descobre-se que sobretudo as juventudes aí incrustadas abandonam e acolhem as velhas soluções, nas buscas, no desprezo e nos desejos que perscrutam a problematização do que já é tenso. Busca-se produzir um ritmo que seja compreensível do espaço erudito à tonalidade da prática popular, que musica a realidade com seus tons, sub e semitons e atonalidades. Como a peça será acompanhada da poliversão cultural, trata-se do eterno retorno que volta, mas não exatamente ao mesmo lugar.

O foguete da vontade de poder atravessa os campos da razão instrumental e da ordem esquemática, modelar, dominadora, em que a moral, a ética, a política, a sensualidade desrazoam-se na multiplicidade que não dilui mas desloca suas relações de saber e de poder, não para a dominação, mas para as possibilidades da vontade.

Ao penetrar um pouco nesse mundo, ora submerso, ora à tona, busca-se um outro caminho, possivelmente num método que problematize a naturalidade da estrutura da cidade – não a partir da verdade e da unidade, predefinidas, mas da tensão em volta da aproximação da verdade – de forma a que permita encontrar, na cultura de acontecimentos e de momentos de setores da favela, cujos contratos nem sempre são celebrados amistosamente, as razões das relações perigosas que desenham (prescrevem) – além dos sonhos antropológicos, das tramas sociológicas e das visões filosóficas – as censuras, as utopias e as memórias das inversões do espelho da metrópole, justificadas por apelos incandescentes da unidade, do princípio e da ordem.

Portanto, se estudará a favela como o lugar de interdição e de veredicção. Aí, seu espaço é o da sociedade e o da cidade, em tempo constante de crise.

Diante de determinados processos de saber, especialmente do Ocidente, que passam pela verificabilidade, a favela destaca-se por apresentar as feridas da sociedade, expostas em sua diversidade, com grande incidência de confrontos da articulação saber-poder. É preciso, então, procurar descobrir a sabedoria do conhecimento vulgar e de suas tensões, porque selados na luta pela vida, produzida pelo povo na incidência de suas tradições orais, nos "causos", nas biroscas, nas praças, confrontantes de um sistema que precisa dos "excluídos necessários", como bem colocou Elimar Nascimento, para manter e justificar os autoritarismos e as dominações.

Assim, mais uma vez, o grande desafio será a pretensão da verdade existente nesse saber, em seu confronto com o saber erudito e em suas possibilidades de integração e de interação, quando saberes diferentes circulam e permeiam diferentes espaços sociais e diferentes meios de produção de conhecimento. Por aí circula o poder, de uns tempos para cá, também alcunhado de cidadania.

Está-se falando de um tempo em que o máximo que pode justificar a aliança ou a parceria do espaço social dominante com a população favelada seria, no dizer de Ivo Lesbaupin, a grande "dose de humanidade presente na sensibilidade do liberalismo", que até considera a marginalidade como potencial para o trabalho, ou os excluídos como necessários, já que se constituem em constantes processos de luta, que, conforme Weber, faz parte da vida, é constitutiva.

Já algumas categorias, como o "desajustamento psíquico", a "apartação" e a "exclusão", sistematizadas por alguns autores como estando presentes no processo social em oposição à criação e ao resgate da cidadania, estão incluídas no imaginário e na realidade da população empobrecida, que se apresenta como constitutiva, de um lado, e, de outro, como fora do tempo-espaço urbanos.

Quanto ao desajustamento psíquico, há alguns escritos – inclusive romances e biografias, como *Estrela solitária, um brasileiro chamado Garrincha* – de vários autores que trabalham sobre o movimento *funk*, do qual emergem cantores jovens que logo são envolvidos pelas diferenças culturais e existenciais da metrópole, e de outros, pouquíssimos, que discutem as diversas dimensões do tráfico de drogas. É ponto comum a todos, porém, o realce dos sistemas de produção de ídolos e de novos-ricos, os quais se defrontam e se perdem, ou não, nos esquemas atrativos e muitas vezes suicidas, por se apresentarem com aparência de "chão", sem mostrar a diferença entre a ficção e a realidade.

Enquanto isso, as formas de domesticação vão se tornando desnecessárias na sociedade moderna. Os excluídos não precisam ingressar nelas, porque há saídas para a competitividade, criadas no chamado "poder paralelo", com inovações no campo terminal da criminalidade, onde setores dominantes do mercado de consumo e do Estado, muitas vezes, estabelecem formas de destruição em aliança, com "grupos de extermínio", que, no final da linha, diluem-se na autodestruição da pobreza. Outra forma, contrapondo-se a esse fenômeno, é o sequestro, que estabelece uma ameaça à vida de setores que detêm o controle da política e do mundo econômico, em xeque na versão paralela, devido ao percentual altíssimo das camadas excluídas, somando quase 50% da população na chamada economia marginal, porém, reconhecidas por órgãos públicos, como o IBGE.

No entanto, as mudanças nas relações de mercado vêm traçando um novo perfil para o excluído moderno, como um grupo social que se torna econômica, política e socialmente desnecessário, incômodo e ameaçador. Pode, portanto, ser fisicamente eliminado, fenômeno que explica hoje uma certa "normalização das chacinas" – como, por exemplo, a da Candelária, a do Carandiru, a de Vigário Geral –, que são recebidas com certa anuência por pertencerem ao mundo dos excluídos, ditos não necessários por certas tendências de mercado, treinadas pela perversidade de sua lógica instrumental. Isso representa também uma certa "aceitação" e "naturalização" da inferioridade dos pobres e dos excluídos. Há, portanto, limites mercadológicos para o chamado exército industrial de reserva, com os avanços tecnológicos e cibernéticos, no horizonte da nova engenharia industrial, em que a máquina substitui a força de trabalho humana.

Foram trazidas até aqui algumas dimensões da forma como se pode pensar esse acontecimento da cidade, a relação "morro/asfalto". Daqui para a frente, parece ser possível detalhá-las um pouco mais, para que sua ferida fique exposta não só na favela, como o lugar mais evidente da violência, mas também no conjunto da estrutura da urbe e da sociedade.

Tensões e contradições dos choques urbanos

Os choques culturais com desabamentos de natureza psíquica e conflitos de classe continuam apontando, sobretudo para os "Ronaldos" que atravessam décadas, o espaço do futebol, no caso do Brasil, como sendo o símbolo dessa forma de demarcação de campos específicos de relações que se explicitam na hierarquia e na prepotência de desigualdade que nega a diferença. Essa situação fica explícita no que comumente chamamos de meios populares, em contraposição à elite ou aos setores ditos superiores, enquanto lugar social, político, econômico e cultural ocupado na estrutura da sociedade.

Torna-se bastante comum a apresentação dessa situação na metrópole moderna e atual. Um exemplo disso pode ser facilmente detectado na frequência com que os meios de comunicação chamam a atenção, em seus noticiários ou mesmo nas telenovelas, para a distinção ou a sorte dos que conseguem furar o bloqueio da estrutura social desigual. Jogadores de futebol e empregadas domésticas são os que mais comovem quando conseguem superar suas fragilidades culturais e de classe e ficam ricos, sobretudo quando aceitos por países do chamado Primeiro Mundo.

Esses expõem o risco da diferença na passagem da pobreza para as posses repentinas e os consequentes choques provocados por encontros modernos, atrações e arapucas das metrópoles avançadas, em conflito com diferenças tão exageradas que convivem numa mesma cidade. Os acidentes frequentes e as mortes repentinas passam a fazer parte quase normal da vida dessa população que assume essa "zona de rico" e de risco para se equilibrar. Poucos são os que conseguem passar ilesos por esse espaço quase terminal, dada a rigidez do controle que o faz se manter.

Embora a diferença de método fique muito marcada, no mínimo para se estabelecer alguns parâmetros legitimadores do ponto de vista ético, legal e normativo (para o desenvolvimento econômico privilegiadamente), o poder do tráfico de drogas e das corrupções, notadamente aquelas ligadas à administração da coisa pública, procura confundir e diluir o acesso da cultura da pobreza a qualquer processo de transformação que se torne ameaçador do *status* atual da sociedade.

Ao lado de situações deprimentes de grandes craques do esporte, porém, que enriquecem meteoricamente, tal a duração de sua carreira, e empobrecem e se envolvem com drogas e caem em depressão, comprometendo também familiares e amigos, há exemplos como os de Pelé, de Zico e de outros poucos que camuflam a possibilidade quase mágica da ascensão social.

Nesse sentido, parece bastante pedagógica a explicação que o ex-jogador Ronaldinho, sucesso mundial, deu aos repórteres que apontaram para as possibilidades de máscaras ou de "trapalhadas" do craque tão jovem e já rico. Ele respondeu, perguntando ao repórter, "se quem não tinha dinheiro para pagar o ônibus que o levava aos treinos no subúrbio do Rio e, agora, pode escolher qualquer carro do ano em cada lugar a que chega para se locomover, com mulheres lindas concorrendo para estar com ele, além da infraestrutura de moradia e de lazer da melhor qualidade, não tem motivos para se confundir ou cometer equívocos".

"Amistosa" e "perigosa" são características de ruptura e de interação que desmontam e ao mesmo tempo dão forma ao conjunto da cidade-metrópole, em sua ordenação hierarquizadora. Na medida em que a favela se torna necessária para a existência da cidade, para seu funcionamento legal e ordenado, segundo a lógica do asfalto, sua presença é não só permitida, como é acolhida com a confiança de quem entrega as chaves da casa, o cuidado com os filhos, com as máquinas e até com o controle financeiro doméstico ou empresarial. Nessa mesma lógica situa-se o interesse do mercado da produção cultural, que vai buscar na favela a autenticidade existencial e cultural popular para o samba, para a história do folclore, para a arte da poesia e do ritmo que balança a avenida (Sapucaí ou qualquer outra), no cerzimento perfeito com o conjunto da cidade e dos que vêm de fora em busca de festa.

Enquanto reconhecida em seu espaço de moradia, ao contrário, a favela se torna o gueto, lugar marginal para onde se deslocam a violência e o risco, porque violenta e arriscada é a produção desse mesmo lugar.

Assim, o negativismo em torno do risco de não se fazer uma leitura glorificadora da favela precisa ser transcrito para sua dimensão positiva de reconhecimento, recolocando o morador da favela como cidadão, como parte da cidade que deve ao endividado e o tem, desse modo, feito seu dependente.

Ao se "fazer do limite uma meta" – expressão usada por Baudrillard, e comentada por Paulo Vaz em *Corpo e propriedade*, como o limite da vida: a morte –, tornado possível com os avanços técnicos e sociais da medicina que tendem a dilatar os limites da vida, numa sociedade individualista e pós-cristã como a atual, certamente tem-se que se defrontar com a crueza da realidade social, política e econômica da vida no morro, cujos limites apontam, não para a longevidade, mas para o encurtamento médio do limite da adolescência e da juventude.

Isso certamente reforça nos moradores da favela a tendência a se pensarem a partir da negatividade, em que os sofrimentos e o castigo são, na maioria das vezes, encarados como normais para se conseguir o perdão por se viver, ou por se pertencer ao espaço criminoso, que precisa de punição. A situação de pobreza, de necessidade e muitas vezes de fome, em situações desumanas de moradia, pode ser interpretada como castigo ou pena, também reforçado pela cultura religiosa da punição.

A reclusão da favela pode exercer o papel disciplinar da prisão, diferenciando-se apenas numa certa desenvoltura em sua forma interna de se organizar. Paradoxalmente novas formas de saber vão sendo aí elaboradas e, como antídotos contra o isolamento, vão rompendo os limites urbanos, sociais e culturais.

A novidade que se nota é a da interação de acontecimentos que fotografam momentos diferentes e específicos do morro, mas que guardam identidades e significações comuns para a compreensão geral da relação "morro/asfalto", priorizando-se aí o conhecimento da favela. O vídeo, o *show* e o cotidiano se espremem nas dobras da cidade-mãe, cujas asas dubiamente se abrem para proteger todos os filhos. Talvez com a diferença de que os filhos mais frágeis, porque aparentemente mais poderosos – e por isso autoritários –, recorrem à lei e à ordem para se proteger dos irmãos "criminosos" do gueto.

A partir daí, o que se discute, acerca da relação "morro/asfalto", vai na direção da problemática da concepção moderna de metrópole na inversão do espelho da cidade partida para a cidade cerzida, onde a produção do imaginário, desde a manutenção do modelo existente, tende a reduzir os espaços sociais da marginalidade ao lugar social da produção da violência, do crime e da guerra, como se aí estivessem também as causas de sua existência. Os limites geram os muros do silêncio, do medo e do preconceito, que hierarquiza e classifica, quando riscos e perigos pautam sua relação com agressão, assalto e crime.

Quando se percorre o caminho invertido, no qual a inclusão seja desterritorializada com as novas possibilidades da vontade de poder, que, a rigor, origina usos correntes e naturais desclassificatórios da banalização da diferença, na intenção de diluir a igualdade, vai-se ao encontro de uma nova cara da marginalidade que é capaz de descobrir e de criar perplexidades, ao cultuar o complexo criação, sonho e mudança que renova os espaços já aparentemente definidos na superioridade, no sonho e na utopia do asfalto.

No entanto, a história das favelas não pode ser coberta de ufanismos. Ao contrário. Todas as mazelas produzidas na construção da metrópole estão aí reproduzidas, e com mais nitidez, porque seu mundo não precisa de disfarces. Mas um novo discurso se insurge como um tufão, querendo e muitas vezes conseguindo rasgar as cortinas do antigo cenário, abrindo para a população das "comunidades carentes" passarelas para o carnaval – e criando porta-vozes da música, do teatro, do cinema –, bem como para a construção da rua, da fábrica, do sonho e da ribalta.

Sem pretensão nenhuma, ou com toda, aqui se ousa introduzir no palco da produção acadêmica, como desafio para o ponto de vista antropológico, uma nova categoria de alcance também político e cultural: a ampliação da contribuição de alguns teóricos (como Deleuze, Foucault e Nietzsche) para as elaborações dos teóricos do morro, cuja chave de interpretação é a poesia e o samba, elegendo aqui três porta-vozes do "morro carioca": Zé Ketti, Nelson Sargento e Guilherme de Brito. E, na esteira da cidade cerzida, deslizam Mário Lago, Paulinho da Viola, Chico, Caetano, Gil e Djavan. E Chico César e Vital Farias? Como fica a interação urbana e rural que cria os grandes ídolos da música sertaneja? Mas como meu lugar de estudos é o Rio de Janeiro e o morro – como favela, como comunidade carente –, o samba é que vou continuar dançando...

Como olhar

Da cabeça de porco à favela – apenas a demarcação da linha divisória da pobreza – constitui-se o espaço social das classes perigosas, como mostra o historiador Sidney Challoub, em *Cidade febril – cortiços e epidemias na Corte imperial*.

A destruição de cortiços teve lugar sobretudo no final do século XIX, mais precisamente quando o Rio de Janeiro teve por prefeito Barata Ribeiro, que ficou na história como o maior promotor de obras estruturais desta cidade, até então.

Claro que o aumento vertiginoso das favelas, sobretudo depois da segunda metade do século XX, explica-se pela implantação da chamada política desenvolvimentista, dos anos JK, que instituiu nas grandes metrópoles os polos industriais, somando mão de obra barata ao desejo e à necessidade de tantos camponeses e interioranos que, à época, sonhavam com as benesses da cidade grande.

Esses traços mais gerais da formação das favelas não serão a marca de nossa empreitada, já que, amplamente estudados, são apenas referenciais. Ainda no genérico, porém, pode-se falar de atitudes políticas pontuais tomadas na direção da mudança da qualidade de vida desses moradores. Do ponto de vista da reforma urbana mais geral, o favela-bairro surge até hoje como um projeto bastante ousado, tendo como pano de fundo a aproximação com a cidade. Entretanto, diante de sua ainda incipiente realização, não se pode ter uma real avaliação de sua atuação como meio socializante.

Mesmo no morro Santa Marta se pressupõe, para uma compreensão maior da favela, tanto no concerto das demais, quanto em sua apartação da cidade, já haver estudos mais abrangentes de tal natureza.

Como já se disse, no início, pretende-se recortar o Santa Marta pelos vieses da comunicação e da cultura, que permitam compreender traços mais nítidos das estratégias do saber e do poder, em sua relação com o asfalto. Daí a priorização de elementos vinculados à imagem e ao discurso produzido por moradores que interferem na vida da comunidade numa visão que estabelece laços orgânicos com a população, no sentido mais próprio de sua organização política e cultural.

A relação "morro/asfalto" tem assumido, nos últimos anos, lugares mais explícitos de sua beligerância. Enquanto a guerra se restringia ao espaço da favela, o conflito da relação conseguia se camuflar. Quando alguns condomínios ou bairros de classe média ou alta ficam sitiados, em seguida à paralisação dos setores de segurança, é que se dá conta das diferenças reais que convivem com o dia a dia da cidade. Isso fica mais agravado com a frequência com que as ditas balas perdidas atingem de modo indiscriminado o asfalto. Por que seu destino não é tão comentado quando atinge a favela?

Há cumplicidades. Há medos, pavores. Arremedos de análises. E até conclamações de injustiça, sobretudo por parte da mídia, contra o crime da favela sobre a inocência do asfalto. Compromissos não ditos. Resfriados mal curados, porque parece que os vírus reais – do preconceito, da instrumentalidade do mercado, do liberalismo da economia e, às vezes, até de neuras fractais pós-modernas – não ousam abrir o jogo.

Como não engrandecer o fato de a arte, a poesia, a resistência, sobreviverem às misérias envoltas nas valas, nas palafitas, nas margens dos rios, dos mangues e dos morros e das baixadas?

Essas fotografias, tanto as em branco e preto, como as coloridas, começam a se revelar com mais nitidez, em sua complexidade, quando se expõe com simplicidade (se isso for possível) o quadro geral da cidade, que não é construída a partir de condições iguais.

Por isso o grupo de moradores estudado, que se apresenta como fazendo parte de uma estrutura mais constante da iniciativa de organização da comunidade em seus aspectos conjuntos – o cultural, o religioso e o político –, interfere também nas outras malhas da rede que forma o conjunto do morro. Seu caráter especial de organização, como espaço urbano, faz com que sua vida e seu cotidiano sejam muito mais expostos, e portanto públicos, do que a dita normalidade da vida urbana.

O Santa Marta faz a incursão na cidade e no campo com muita naturalidade. Seus moradores, segundo a tradição oral, vindos do interior dos estados do Rio de Janeiro e de Minas Gerais, convivem com a modernidade urbana da metrópole, como responsáveis por seu funcionamento, como trabalhadores dos setores de produção e de serviços e, especialmente, de sua vida doméstica. Ao mesmo tempo há gerações já nascidas e criadas no morro, que convivem com os sistemas oficiais e paralelos definidores de seu destino, e com a solidariedade pacata que age na direção da contracultura da resistência e da sobrevivência. Se a vida no campo é sua origem – ou de grande parte de seus moradores – e sua tradição cultural, há um tratamento diferenciado do ponto de vista das relações pessoais, dos costumes e da proximidade com a natureza.

Há também palácios vizinhos, como o da Cidade – a Prefeitura, e diversos consulados e mansões, projetados por colonizadores europeus e americanos, e construídos certamente por moradores de cortiços, com tradição submissa à lógica perversa da escravidão.

Tensões do olhar

Uma nova engenharia (quase uma reengenharia) e uma arquitetura despojada de aparatos se materializam em edificações de tábuas, zinco, papelão ou alvenaria (que hoje atinge a maioria das construções), inclinadas em pedras, em terrenos íngremes e, mesmo, sobre outros barracos, cujas comunicações por becos e ruelas podem fazer inveja aos construtores clandestinos das catacumbas da antiga Roma; ou nas formas edificantes da relação com a natureza que inspira Oscar Niemeyer: isto é nossa favela.

A experiência mais expressiva, no sentido da preservação e manutenção dessa forma arquitetônica, que alia a si a facilitação das relações comunitárias, verificou-se na metade dos anos 1980 no Santa Marta, quando moradores reunidos numa grande assembleia rejeitaram por unanimidade a proposta do prefeito da cidade do Rio de Janeiro e de seu vice, que lançavam o sonho da construção de espigões, cuja verticalidade tiraria do chão a comunidade espalhada, para que, segundo o prefeito, em menor espaço se pudesse acomodar mais gente. Os moradores perceberam de imediato que aquilo significava a implantação ou transferência do modelo urbano do asfalto para a favela. Embora o apartamento, seguido da infraestrutura que o possibilite funcionar satisfatoriamente, seja o sonho de muitos, algo pesou, no entanto, mais do que a possibilidade da subjetividade e da intimidade, também importantes, mas não suficientes diante da cultura e da vida da comunidade presentes ali.

Olhar o Rio de Janeiro do alto do Santa (neste caso também Dona) Marta torna-se algo cinematográfico, poético, filosófico e, ao mesmo tempo, profundamente deprimente, quando a nossos pés sobressai a miséria produzida e desenvolvida por concepções de cidade e de sociedade, subjacentes e estampadas na densidade do mapa urbano, que salta aos olhos, da beleza da natureza, das desigualdades econômicas e da relação simbólica, que dão nome e vida ao caos.

Os horrores da cidade partida e das vozes do meio-fio fazem contrastar a lógica linear da construção do método autoritário de poder. Se de um lado o avanço tecnológico pode ser identificado no morro pelo brilho das parabólicas antenadas, pelo som das matracas ou pelos muitos usuários de computadores, isso testemunha também a convivência com o crime, com o tráfico e ainda com diferentes práticas religiosas, espirituais, festivas, amorosas e orgíacas que contrastam, de outro lado, com o medo da liberdade que transforma condomínios e mansões em espaços gradeados como prisões.

Há ainda morros salteados de mansões, ameaçando e sendo ameaçados por outros "morros", cujos barracos disputam os centímetros de seus espaços, ainda que se tenha que construir em cima da janela do quarto do vizinho.

Quantas questões a partir deste início de descrição podem ser levantadas para as instituições ditas públicas, como as implantadoras de escolas, de centros de saúde, de espaços de lazer e de diversões, interagindo com professores, médicos, banhistas, funqueiros, funcionários de empresas públicas e de empresas privadas, crianças e jovens, em sua maioria despreparados para conviver com as diferenças e com as desigualdades, cuja cultura do preconceito é capaz de gerar *apartheids*, ainda que camuflados (também nem sempre).

Assim, a cidade com balas perdidas, com jovens que para se livrar da marginalidade precisam se esconder e se defender na formação de quadrilhas, rompendo ou conservando tradições culturais e religiosas profundas, pode tornar imprevisíveis as relações de poder, ainda que o autoritarismo possa nadar de braçadas, quando as relações que o sustentam são dominadoras, ainda que disfarçadas de salvadoras – como é o caso do neoliberalismo, sistema atual que age sobre a cidade e sobre a sociedade ora tratadas. Pode-se dizer que as diversas teorias que sustentaram e sustentam diferentes processos, antigos, modernos, contemporâneos e atuais, sob as mais variadas influências e necessidades, selaram preconceitos e dogmas classificatórios, cuja dívida, pode-se dizer, está à mostra em feridas reais e simbólicas, como na escravidão, nos holocaustos, em Hiroshimas. Essa é também nossa cultura (dominante). Isso exige ainda mais atenção para que não nos percamos em análises idílicas ou paternalistas ao nos referirmos à favela.

Por outro lado, o mundo da liberdade parece daí saltar, especialmente da boca dos poetas-sambistas e dos pés da cultura negra que é saltimbanca da senzala, da favela, da fábrica e do palco.

Há que se ter especial cuidado e muito rigor para se resistir à pretensão de incluir várias manifestações, desde aquelas oriundas da multiplicidade cultural da etnia, da religiosidade, da economia e da política do povo negro, às muitas teorias de localização ou de generalização da violência.

Parece, assim, oportuna a tendência de síntese de compreensão da relação da favela com a cidade e com a sociedade, a partir do exposto pelo cientista político Luís Eduardo Soares, que, com sua entrevista ao "Caderno Mais!", de 22 de setembro de 1996, faz com que se retome as três teses principais de interpretação do Brasil, fazendo-as dialogar e introduzindo um novo ângulo: "A via autoritária da modernização, combinada ao modelo hierárquico, gerou um hibridismo, um sincretismo perverso, uma cultura em duas vozes, contraditórias, proclamando uma dupla mensagem com consequências importantes..."

O que resulta disso, como o próprio autor citado retoma no título, é o individualismo oportunista, que reforça a dupla perversidade que é a hierarquia, afirmadora da autoproteção apenas dos já privilegiados, e o pior da formalidade moderna, do domínio racional-legal, que maximiza os benefícios individuais, como bem escreve o antropólogo Roberto da Matta, refletindo o inconsciente e o consciente dessa postura na máxima da "carteirada" – isto é, "você sabe com quem está falando?", em detrimento total do outro, em que você é que tem que "se dar bem" e o outro "que se dane", ou ainda a consolidação do dito "cada um por si e Deus por todos".

Radicalizando essa concepção que hegemoniza hoje a lógica dos meios de comunicação, grande parte das instituições, tanto em seu exercício público, quanto privado, prioriza a emancipação do individual sobre o coletivo, agravada pela derrota da experiência do socialismo burocrático do Estado. A questão central, porém, permanece: a da emancipação individual na perspectiva do coletivo, que não fica resolvida na esteira da onda neoliberal, que acaba forjando uma falsa ideia de liberdade, na medida em que se aprisiona de tal forma ao consumo do mercado que os valores humanos da ética, da cidadania e da dignidade estão substituídos pelo "o que se faz" e "quanto se ganha".

Em última, ou em primeira instância, a banalização é tão perversa que, como já se viu, já se podia falar no final do século XX com naturalidade na normalização da chacina e na existência consequente da favela em condições subumanas, porque tais acontecimentos estão ligados ou referidos à população negra e pobre.

Isso mostra que vale a pena percorrer esse viés de leitura do morro, desde a perspectiva conjunta da cidade. Significa a tentativa de combinar aspectos diferentes de atores que fazem parte da mesma cena, mas que, vistos de ângulos diferentes, parecem fazer parte de mundos opostos ou antagônicos. Seu reforço parece consolidar, cada vez mais, a dimensão beligerante e real da "cidade partida". No entanto, a interação desses traços opostos e contraditórios permite problematizar mais e melhor o que certamente caminha na direção da "cidade cerzida".

A possibilidade de analisar significados e interpretações de fatos mais contínuos e duradouros, ainda que ponteados de conflitos e guerras, permite um novo olhar sobre a favela e sobre a cidade.

Ainda que as razões da radicalização permaneçam, quando se olha o descaso do poder público para com as "comunidades carentes", apesar da política econômica geral do país vender a imagem aparente de melhoria, especialmente para os pobres, o que se constata a olho nu é consequente: o crescimento das favelas, o aumento da chamada população de rua e o número de sem-terra pelo conjunto do país.

Outros fatores, com dimensões internacionais, são o tráfico de drogas e o procedente crescimento desse mercado na atualidade.

Todavia, a "cidade partida", que Zuenir Ventura tão bem descreve e identifica, está "chapada" pela chacina de Vigário Geral, que se constitui, infelizmente, ao lado de outras já citadas, nas dívidas mais pesadas de nosso país e de nossas cidades. Elas somente poderão ser parcialmente pagas, na medida em que uma nova lógica da relação "morro/ asfalto" incentive novos "Ferrazes" e novos "Silvas" como líderes do cotidiano, que, com suas utopias, possam recriar uma nova cidade, em conjunto com os demais cidadãos espalhados pela diversidade cultural, política e econômica do sistema instituído a ser mudado.

Por isso a ousadia da insinuação, a partir da constatação das imagens comprobatórias das diversidade e pluralidade culturais, que uma nova peça passa a ser encenada por atores que costuram o conjunto dessa "cidade" que vai ao Sambódromo para aplaudir o "morro", usando como linha o cotidiano tão intenso, que mistura "sangue, suor e cerveja", no evento e no advento da "cidade cerzida".

Os levantamentos, aqui feitos, sobre o Santa Marta, aliados a fatos como a chacina de Vigário Geral e outras, resgatam elementos da contribuição desse tipo de "comunidade carente", numa perspectiva cultural e filosófica, em tentativas de voos qualitativos, que permitam fazer leituras capazes de ampliar a compreensão do conjunto da cidade, sobretudo no desafio de poder que o saber enfrenta, de tal forma que o poder do saber e o saber do poder se escoem mais livremente pela cidade e ecoem em sua transformação.

Contribuições à aproximação na relação "morro/asfalto"

"O enfrentamento da fragilidade" como contraponto do autoritarismo que garante a manutenção do poder e a hipocrisia dos princípios protecionistas e moralizantes, que sustentam as micro e macrorrelações da estrutura social e, de outro lado, os sistemas criadores dos guetos e das reclusões dividem para governar, ao mesmo tempo em que justificam as leis e a manutenção da sua ordem e disciplina, e ainda, quando se busca um pouquinho de ar para respirar e para sustentar o despropósito das relações que exigem o controle da população pobre e endividada, fazem de Nietzsche, Foucault e Deleuze, respectivamente, contribuições claras, hoje, para se apontar questões e possíveis saídas ao conjunto da cidade, cuja história e planos arquitetônico, social, econômico, e cultural precisam da existência da favela. E para que o tráfico, a violência e a criminalidade sejam enfrentados não só nas suas causas reais, mas também nas suas consequências imediatas, é preciso pensar a cidade no seu conjunto. Aqui deve estar também contemplado o jogo teórico em torno do espaço e do tempo, quando "aquele está mais voltado para a racionalidade e este para a sensibilidade" – diz Paulo Vaz. E continua: "O castigo, a disciplina e a pena são aplicados pelo soberano, visando o futuro da ordem que lhe for mais auspiciosa. De que forma a favela é a reclusão moderna da metrópole? Essa questão está em pauta para definir as políticas públicas – de segurança e as demais, com o soberano intervindo no Estado, privatizando a pena, o castigo e o prêmio de acordo com a segurança do asfalto."

A disciplina quer moldar a "massa" como "indivíduos isolados e manejáveis" dentro da diversidade cultural/econômica. Essa ordem encontra limites e brechas quando de sua aplicação na favela, e especialmente no morro, porque a circulação dos indivíduos é cada vez mais difusa e incerta, na multiplicidade das relações estabelecidas com o mercado, com a cultura sistemática, com as seguranças oficial e paralela etc.

A autodistribuição da culpa e do castigo se dilui anonimamente na massa, numa clivagem cultural. Cada um exerce o autocontrole e controla o próximo. Na radicalidade, pode-se tratar de uma regressão ao máximo controle e à máxima culpa do "Deus te vê".

O castigo não atinge só o corpo, mas o espírito. Dessa forma, na definição disciplinar exercida sobre a favela, está a individualização do desvio. O normal ali é o doente, o louco, o delinquente. Cidadão aí é sinônimo de marginal.

Essas categorias são introduzidas e em grande parte assimiladas pelas populações da favela, enquanto paciente, e do asfalto, enquanto matéria exógena, e isso acaba pondo a violência como algo a ser eliminado, apenas, daquela parte da população que, consequentemente, precisa ser castigada e penalizada. Vale então mostrar como a favela vê e trata a violência.

Primeiramente, do ponto de vista de seu lugar social de exclusão, de reclusão e de passível do castigo como pena disciplinar merecida, há uma identificação dessa população com a própria violência.

No cotidiano do morro é possível caracterizar duas formas bem distintas da presença da violência:

1. *Violência domesticada* – aceita com normalidade pelo conjunto dos moradores e implica episódios de embriaguez que

atormentam a vida de familiares e vizinhos. Há também as desavenças comuns às pessoas que, por morarem tão perto umas das outras, com filhos, animais e problemas domésticos, acabam vendo sua privacidade exposta publicamente e partilhada entre vizinhos tão próximos. Acrescente-se a isso a sujeira das valas e a convivência com os riscos de doença.

2. *Violência imposta e destruidora* – submete o conjunto dos moradores ao risco constante e iminente da morte. É a que transforma o morro ou a favela no cenário de guerra de um teatro, onde se estabelece a luta tribal pelo domínio do território, tanto de traficantes contra traficantes, armados até os dentes, quanto destes com a polícia, e sempre os moradores estão no meio, como reféns da droga, do consumo e da repressão, enfim, desse mercado perverso. Os primeiros, em geral, com a vantagem da permanência no território e, portanto, com a conivência dos moradores (apesar do pavor generalizado que isso gera). E os policiais, apesar da desvantagem de terem que se embrenhar na selva, contam, todavia, com o apoio técnico e até pirotécnico da oficialidade da segurança. Essa guerra constante ou sua probabilidade permanente acaba gerando nos moradores um pavor generalizado, pois ficam expostos ao fogo cerrado, na dependência do primeiro tiro incerto.

Há ainda duas questões gerais:

1. Reconhecimento de que as questões multidisciplinares, que devem ser apontadas e identificadas, são apenas tangenciadas e não totalmente aprofundadas por falta de possibilidade de elaboração teórica naquela área específica.

2. Reconhecimento ainda da presença marcante de traços antropológicos que caracterizam a vida da comunidade, a sa-

ber: resquícios de solidariedade, já descritos pela característica de formação da favela, e sua luta pela sobrevivência, inclusive pela introdução cada vez maior dos poderosos traços do individualismo nas relações pessoais que desmobilizam a comunidade, ao mesmo tempo em que respondem às imposições da modernidade do asfalto: "cada um por si."

Interpretação da prática do viver

A descrição minuciosa do cotidiano da comunidade em pauta torna-se também um instrumento eficaz, não só para possibilitar um conhecimento mais detalhado do morro Santa Marta, mas também de sua inter-relação com o asfalto. Os diversos momentos da comunidade e os traços da conjuntura que a caracteriza vão emanar da tensão do dia a dia que os moradores enfrentam desde que a comunidade se constituiu. O saber imediatamente transformado em poder que a população do morro carrega está na cultura da criação e da vida que se contrapõe constantemente ao risco da morte e do caos. Não é por acaso que nos traços de sua conjuntura, do aumento do domínio do tráfico, à repressão policial, às ameaças de remoção, à exclusão de qualidade do mercado, a comunidade, aliada ou não a movimentos sociais, responda com o surgimento e com o fortalecimento das mais variadas formas de associativismo, como bem exemplifica o grupo ECO, em sua diversidade e pluralidade de relações com a comunidade, com a cultura, com a religião, com a educação, enfim, com a comunicação que atinge crianças, jovens, adolescentes e adultos.

A análise do discurso sobre a favela – como relata Roberto Machado – precisa levar em conta a dispersão, "ao contrário da racionalidade que conduz à lógica unitária do saber". O ponto de partida da marginalidade, ao contrário, é ponto de chegada da *démarche* de construção da cidade. Trata-se, portanto – ainda em suas palavras –, "de um sistema de formação conceitual que dá conta da emergência simultânea ou sucessiva de conceitos dispersos, heterogêneos e mesmo incompatíveis".

As regras do discurso a partir da racionalidade hierarquizam e normalizam sua interpretação a partir do asfalto, que se confronta com a ação a partir da favela. Nesse aspecto, uma das peças que possibilita esse confronto na busca de síntese é a existência do *ECO* (jornal), que apesar de atingir uma parte mínima da favela, se comparada à repercussão da televisão e da grande imprensa, cria um poderoso aparelho de conversa, por sua capacidade formadora em pontos de referência e estratégicos da comunidade. Dessa forma, referenciam-se ao bicho – gíria local para designar o "pessoal" do tráfico – na comunicação interna para apoiar ou se confrontar com práticas e conceitos em curso, mesmo os setores para os quais não é endereçado diretamente. Ainda mais quando o decorrer do tempo pode fazer conviver, no espaço da favela, dirigentes que passaram por campos opostos. Portanto, ao trabalhar com a favela, vai-se na contramão do processo racionalista e instrumental da produção do conhecimento.

Segundo Capítulo

O olhar e os ecos do olhar

Um olhar sobre a cidade, sobre a favela

Como nas câmeras de Brissac, nosso mergulho urbano pode ser extremamente misterioso e humano – ou misteriosamente humano – ou desumano.

Quem é capaz de absorver de uma só vez todas as dimensões que estão presentes em todas as curvas, retalhos ou inteirezas, interesses e utopias, resvalos e convicções, conflitos ou quase unanimidades de possibilidades, limites, grilhões e liberdades, das encostas às centralidades das dimensões de uma cidade?

Das asas da liberdade do voo delta sobre a beleza da natureza em que continua o verde planeta, das ondas que envolvem o mar, aos contrastes da imagem invertida do asfalto que reluz na favela, relativiza-se nossa prisão, quando mirada desde a perspectiva do cimento armado, quais caixas superpostas, quase que arranhando o céu.

O que o asfalto quer da favela?

Há uma pergunta anterior a essa: o que a sociedade (em seu aspecto estrutural de poder econômico e político, pelo menos) quer da cidade?

"...Mistério da construção do ideal sobre a terra", constata Nietzsche, "... aqui se mente numa doçura como a do mel que torna viscosa a palavra (...) aqui a mentira transforma a fraqueza em mérito, bondade em impotência; obediência em submissão forçada; covardia em paciência." E enfeixa: "A linguagem da fé e a linguagem simbólica são abomináveis porque recriam a mentira e a hipocrisia."

Problematizando, pode-se dizer: genealogia da fragilidade póstuma ou desconstrução do poder.

Esta descrição pretende ser a mais pormenorizada possível, porque quer se aproximar cada vez mais da realidade do morro que se movimenta pelo conjunto da cidade, enquanto portadora do conjunto da produção – onde sobressaem trabalho-serviço, poesia, arte, guerra, silêncio, medo e coragem.

Apoiado em 18 anos de experiências ponteadas, porque não houve a presença cotidiana no Santa Marta durante este estudo, observou-se a promoção local de práticas políticas e partidárias, culturais e religiosas que, sem dúvida, vêm privilegiar a possibilidade de conhecimento e de descrição, ainda que com o distanciamento necessário, do referido morro.

Torna-se igualmente importante para a ampliação do conhecimento dessa parte significativa da cidade a aproximação feita, que é ponto de referência e de partida, com a família Silva. Família esta que, sem medo de errar, pode-se afirmar que constitui a mais ativa das últimas décadas no morro, e sobre a qual é possível também se afirmar que representa a passagem da cultura da pobreza para a cultura da transformação.

Além do respeito que se consolida por sua postura clara ante as polêmicas do dia a dia na favela, sua inserção cultural, religiosa e política vai ser importante no detalhamento das ações coletivas da comunidade.

Um parêntese: coincidentemente, a família Silva, aqui referida, é inspiradora do mesmo processo, levantado por Denise

Paraná, na medida em que tal família lidera o processo de mudança, do ponto de vista político em geral, religioso e cultural, não com ênfase no campo direto da produção (como aquela), mas pela inserção diversificada desta família, a partir do espaço de moradia, em seu aspecto de exclusão e de reclusão, portanto, mais contraditório e problematizado. Além disso, a proximidade com os problemas gerados pela escassez de alternativas e de espaços de lazer que leva a diversão dos bailes *funk* a se expressar nos sinais incontroláveis das reações de massa. Assim um Mc canta a diluição dos "Silva" a partir da cultura da pobreza: *Era só mais um Silva/que a estrela não brilha/ele era funqueiro/mas era pai de família.*

Num sentido bem diferente, o processo brasileiro atesta e acena para outros Silvas com o brilho da estrela, como Benedita da Silva e Marina Silva e, também, Itamar, que liderou o ECO que ecoou não só no morro, mas fora dele inclusive, e que da mesma forma é Silva, como Vicentinho o é. E nos trabalhadores rurais, a história de sua organização apresenta vários. E dentre eles o Zé Francisco. Assim, sem exclusividade para o processo de mudança, há, no entanto, que se buscar ainda muito para se explicar e se compreender a forma como a sociedade civil vai ganhando corpo e poder, na medida em que sua identidade se personifica e vai ganhando a nova cara de sujeitos sociais e políticos.

Ainda sobre a aproximação e o distanciamento, é preciso salientar, a partir de compromissos, intenções e opiniões bem definidos, o fato de se pertencer a um ritual de natureza cultural e religiosa, cuja identidade simbólica aproxima o sul das Gerais com o morro, bem como com outros pedaços do Brasil, que é a Folia de Reis – grupo religioso que celebra no dia 6 de janeiro a festa da Epifania ou da manifestação do Senhor aos Reis Magos, Belquior, Melquior e Balthazar, que foram visitar o Menino Jesus, percorrendo tortuosas e arriscadas jornadas, pelo significado de seu nascimento. A Folia pode se dar de 25 de dezembro a 6 de janeiro ou em outra data em que se queira celebrar, como o 20 de janeiro, dia em que o Santa Marta comemora.

Um olhar sobre o morro Santa Marta

Por que vale a pena percorrer este novo viés para se conhecer o morro? Como combinar aspectos diferentes de atores que fazem parte da mesma cena, mas que, vistos de ângulos distintos, parecem atuar em mundos opostos e antagônicos? Essa atuação díspar consolida, cada vez mais, a dimensão beligerante e real da "cidade partida". No entanto, dada a necessária e espontânea interação desses traços opostos e contraditórios, pode-se problematizar mais e melhor o contexto e, dessa forma, concluir que, certamente, a cidade partida caminha a passos largos em direção à "cidade cerzida", através de ruelas, crivadas de encruzilhadas, becos, biroscas, fuzis AR-15, mutirões, procissões, fardas e privacidades quebradas.

Trilhou-se esse caminho, em última instância, a partir do olhar do *Jornal ECO*, cuja ideologia espelha a resistência da comunidade, na busca e na conservação da esperança, bem como pela observação da militância dos demais componentes desse grupo por meio de suas atividades culturais, sua colônia de férias e outras formas animadoras, que demonstram de modo claro e direto a organização adotada pelos moradores do Santa Marta.

Trilha-se também o mesmo caminho quanto às representações religiosas, com suas incursões na vida de cada morador e da comunidade: da Folia de Reis, aos grupos institucionais afros, evangélicos e católicos. (Pode-se falar de uma cultura religiosa sincrética?)

Mais ainda, no caminhar, observaram outras associações e suas formas próprias de representação. E, de permeio, o tráfico, a mídia e os setores oficiais que atingem tal tipo de "comunidade carente".

Apenas uma viagem pedagógica e genérica, porém, à procura de uma descrição do morro, não como via de estudo e de análise pluritemática exaustiva.

Há, no entanto, alguma peça que contrabalança essa influência que se pode dizer além do global e globalizante dos meios de comunicação na favela, onde a onda mais aproximada da linguagem pode ser a do rádio. A produção do discurso e da imagem televisivas reproduz certamente modelos do asfalto, onde o morador da favela não é sujeito ativo na ditadura dos parâmetros da moda, dos costumes e das concepções que vêm mais da Ipanema carioca e do Jardins paulista. O favelado se torna sujeito quase isolado e imbatível, nos quadros policiais, onde as cenas são ocupadas pela violência, em suas diversas áreas, já que a imagem do morador da favela está sempre no flanco das "relações perigosas" na mídia.

Apenas como constatação, é preciso dizer da presença da população pobre em dois espaços televisivos. Por um lado, o Sistema Brasileiro de Televisão, com o sempre presente apresentador Silvio Santos, que elege a grande massa como sujeito paciente de sua hegemonia no domínio do mercado de vendas de eletrodomésticos à sorte, ao azar e à esperança, em programas diretos como o extintos *Roda da fortuna* e *Tudo por dinheiro*. Na outra ponta do mercado, com ênfase nas almas, a TV Record, como instrumento da Igreja Universal, tenta seduzir com a possibilidade de a população pobre subir na vida e ainda se salvar.

Nesse aspecto, é possível perceber com facilidade que a população da favela muda de canal de acordo com a identidade maior e consciente que a produção televisiva cria com ela. A grosso modo, pode-se dizer que as novelas e o noticiário da TV Globo a atraem mais, enquanto especialmente nos finais de semana, andando por becos e ruelas, pode-se acompanhar a continuidade dos programas de Silvio Santos. Quando a atração é esporte, em especial o futebol, a favela acompanha a partida no canal – não importa qual – que a estiver televisando.

Vejamos então de que forma entram e ficam no morro o jornal e o grupo ECO.

Logo no início da segunda metade dos anos 1970, no Santa Marta, ao lado da criação de um bloco carnavalesco, foi também criado um jornal chamado *Sombra*, nome logo trocado por seu significado poder gerar controvérsias e mesmo por dar azo à sua ligação com o tráfico de drogas, grupo que era o que mais se achava ameaçado pelo *Sombra*. Criou-se então, em seu lugar, o nome ECO e, em seguida, dando a entender outros ecos do morro: o grupo *ECO*, o *Jornal ECO*, a Colônia de Férias *ECO*.

A cultura e a mobilização em torno do lazer foi a grande forma de entrada que sedimentou esse grupo com uma posição crítica a toda visão política autoritária (que àquela época ainda tinha o rosto sisudo, apesar das promessas militares de abertura lenta e gradual da política brasileira), vinda de qualquer espaço, do morro ou do asfalto. Claro que com mais acento no asfalto, na medida em que as representações formais da política, da economia e da comunicação estão ali definidas. Há intervalos de intervenção de outras formas institucionais – como a Associação de Moradores –, mas o ECO perpassa a conjuntura e a estrutura do morro, nos últimos vinte anos.

Esse nome dado ao jornal resultou de eleição e, como se vê, passou a significar a propagação mesclada do que pensava a comunidade, com o que vinha do asfalto. A circulação inicial era mensal e seu embate prioritário fazia-se por meio de uma associação, então mais dura e atuante. Por isso no jornal vão ecoar também as outras atividades do grupo e sua incidência e ingerência na vida da comunidade. A Chapa Azul na primeira experiência da Associação de Moradores identificou-se com a forma combativa que caracterizava o movimento social e sindical daquele momento do país. A participação direta do maior número de moradores e a visão crítica da política local e nacional, na construção da democracia, era seu intento. E isso está relatado nos primeiros editoriais do *Jornal ECO*.

Após as primeiras dúvidas e ensaios sobre a melhor forma de inserção na comunidade, no fim da década de 1970 a ideia da colônia de férias recebia o primeiro "eco" das crianças, que não gostaram da iniciativa tomada pela polícia, quando de uma pequena experiência que as mantinha controladas enquanto seus pais trabalhavam. A resposta foi tão bem-sucedida que em 1997 a colônia já tinha completado 18 anos de atividades, mantendo uma média anual de 250 crianças e criando uma organicidade em torno do grupo ECO, que permitiu, no decorrer daquele ano, não só por passeios e por apresentações, mas sobretudo pela sistemática criada entre o grupo e seus instrutores, diferentes articulações com teatro e pesquisas, por meio de vários cursos – de computação e de outras áreas profissionalizantes.

Outro parêntese: o teatro é uma prática utilizada pelo grupo desde seu nascimento. A partir de 1993, inclusive, o grupo tem o acompanhamento de um ator e diretor profissional, para que essa chama continue acesa até em senhoras com mais de 60 anos, para que possam se revelar como atrizes. A pesquisa é outra prática bastante desenvolvida no grupo. Tanto que se desdobrou na iniciativa de criar um projeto de mais fôlego para se perceber as mudanças da década de 1980 no Santa Marta e em outras favelas. Será também referido aqui o cuidado e o rigor que caracterizam esse grupo, diante das pesquisas propostas por pessoas ou grupos externos. Não no sentido de fechar as portas, mas de serem tratados como sujeitos e não apenas objeto de pesquisa. Tanto que, não acostumados com essa visão crítica e cuidadosa do grupo, quando abordam moradores, a pergunta é imediata: "Você está trazendo quem?" ou "Está trabalhando para quem?"

Assim, o que se pode notar, quando os moradores são ao mesmo tempo sujeitos e objetos, é que a categoria "devolução", criada a partir do método Paulo Freire, para que o processo de produção do saber seja testado com a realidade, sai de cena, uma vez que o processo circula no próprio espaço de atuação, de análise e de transformação.

O ECO, os agentes externos e as parcerias

Para o funcionamento da colônia ou de outros eventos, são estabelecidas parcerias, cujo rigor obedece ao critério da fidelidade ao fortalecimento da organização da comunidade.

No ano de 1979, quando foi criada a colônia – e para andamento do grupo ECO –, a infraestrutura veio do MUSP (Movimento Universitário a Serviço da População), experiência da PUC-Rio de relacionamento com favelas e bairros periféricos. Além das necessidades materiais, como alimentação, roupas e condução necessária aos passeios desbravadores da cidade, desperta-se também para a relação da comunidade com o mercado de trabalho e com a vida comunitária, social e política. É o que acontece, por exemplo, com a dinamização do grupo de cerca de cinquenta pessoas que se mobilizaram durante a construção da colônia e, até hoje, envolvem-se nas atividades dos ECOs, cuja preocupação é com a vida cotidiana do morro que precisa aprender sua lógica e seus contornos, tão próximos do asfalto – da cidade e da sociedade.

Alguns pressupostos sustentam a permanência e a existência do grupo ECO, em suas diversas derivações e parcerias. Esses estão ligados à memória e à história de seu nascimento. Trata-se da conjugação de ideias-força e do movimento concreto que, na política, no associativismo, na cultura e na religião ganhou corpo processual e sistêmico no final dos anos 1970.

Em termos institucionais vão ganhando formato e identidade com o micro e com o macro, na passagem do local para o geral. São as turbinas dos chamados *movimentos de base* que, ao mesmo tempo, forçaram de um lado a distensão e a abertura políticas, e, de outro, fez eclodir uma alternativa de caráter popular, com ares fisionômicos do movimento operário que vai gestando os primeiros movimentos grevistas, a partir do ABC paulista, e que se espalhou por todo o Brasil.

Portanto, o que inicialmente era mais facilmente canalizado para o grupo pela via religiosa, pela identificação com métodos e com as teorias da Teologia da Libertação e das Comunidades Eclesiásticas de Base/CEBs – movimento pastoral com consequências políticas destacadas sobretudo nas décadas de 1970 e 1980 – passa, pouco a pouco, a se consolidar também na identificação com a política partidária do Partido dos Trabalhadores, embora a clivagem de pertença ao mesmo tenha sido muito crítica, devido à diversidade de esquerdas de sua tradição e às histórias partidárias que, no Brasil, sempre mantiveram uma relação distante da população, a não ser para estabelecer suas cooptações e usos.

No entanto, é preciso explicitar também o caráter mais amplo que essa relação estabelece, na saúde, na educação, na segurança, nas relações de trabalho e de produção e por que não dizer no tráfico de drogas. Sobretudo quando as influências dos chamados intelectuais orgânicos do sistema de comunicação se fazem presentes de forma cada vez mais próxima na relação de troca democrática – ainda que nem todos tenham possibilidade de acesso –, por meio dos computadores e do navegar pelo mundo globalizado da Internet.

A seleção nas parcerias dos chamados agentes externos é indicadora de uma vertente crítica e pedagógica através da qual o *Jornal ECO* vai se solidificando como vanguarda, embora despretensiosa, do movimento comunitário e associativo do morro, e se construindo, com o interesse e rigor, na interação com o asfalto, enquanto representação orgânica da cidade e da sociedade, da qual a favela faz parte.

O que caracteriza em especial esse grupo de moradores – aqui representado pelo grupo ECO do morro Santa Marta –, em sua relação com o asfalto, são seus critérios de escolha, buscados nos rigores acadêmico, político, cultural, ético e moral, para manter o compromisso de aliança com as práticas ocasionadoras de mudanças das estruturas autoritárias, em democráticas, e atuar na direção da eliminação da favela como gueto, introduzindo-a cada vez mais no concerto geral da cidade.

Há episódios que elucidam essa questão e podem ser apontados na diversidade de suas relações com os agentes externos. Um deles pode ser apresentado como bem característico, pois diferencia o Santa Marta pelo menos da maioria das outras favelas: é o tratamento rigoroso com toda e qualquer pesquisa ali realizada. Essa é uma questão delicada, porque envolve, praticamente, uma concepção que atribui ao morro, à favela, à periferia, o papel de objeto tão somente de pesquisa. Aí alunos, professores, Estado, empresas, Igrejas, políticos etc. vão buscar dados e comprovações para suas teses, para as leis do consumo, para a justificação e atuação de suas instituições. No caso do Santa Marta, os visitantes sempre encontraram o que se pode caracterizar como um exigente pedágio, não no sentido de fechar o morro para a ciência, para a política, para o mercado, para a religião e para a cultura, mas exatamente para garantir sua produção e sua devolução, como condições de uma nova relação de saber e de poder, que se baseie na circulação democrática da informação, da formação e da construção desse mesmo saber.

Nesse sentido, pode-se dizer que o grupo ECO sempre se caracterizou por buscar ajuda, reforço ou participação de pessoas ou grupos, ou ainda de instituições de fora da favela. No entanto, a produção crítica da imagem, do discurso e das práticas teóricas sempre esteve à frente da comunicação interna (jornal), do movimento associativo e da presença partidária, demonstrando e comprovando a necessidade de se produzir uma pesquisa profunda com moradores de várias comunidades, exatamente sobre o tema recorrente em todos os meios de comunicação, de forma a desconstruir o imaginário sobre o morro como o espaço, o lugar e o tempo da violência.

Esse processo se fortaleceu ao longo das histórias de tradições e de contradições do morro, que desaguaram na proposta, encabeçada inicialmente por moradores do Santa Marta, de se efetivar tal pesquisa. Por esse motivo a pesquisa precisou ter mais de uma vez seu título trocado, tornando-se de "violência e mudança", apenas "mudanças", para em seguida adquirir seu nome atual: "Favelas e organizações comunitárias nas últimas décadas no Rio de Janeiro."

O motivo das trocas de nome se deveu, claro, ao fato de serem moradores os sujeitos da pesquisa e, por isso mesmo, os mais ameaçados. A participação direta desses atores sociais incomoda duplamente, de um lado como intelectuais orgânicos, no sentido definido por Gramsci, que além de lideranças identificadas com o meio, têm uma reflexão sobre suas comunidades e suas práticas políticas. De outro, são capazes de criticar e de escolher parceiros que sejam aptos para, num só ato, responder questões, juntamente com os moradores, e ajudar a formular outras novas, porque absorvidos pelo tema. Isso leva a perceber também um papel pedagógico para o grupo envolvido e sua maior facilidade em poder transmitir o conhecimento e as informações produzidas. Tais relações poderiam superar várias dificuldades da comunidade e resultar numa maior produção sobre a realidade das favelas, tanto do Rio quanto do Brasil inteiro, pois o conhecimento elaborado até agora, a partir de pesquisas, dificilmente é apropriado por moradores para criticar ou implementar novas e mais eficazes práticas políticas e pedagógicas.

O novo desafio é poder pensar desde a favela e pôr diretamente o pensamento na direção da ação. Partindo-se desse critério, a postura dos agentes externos, nos mais variados papéis que podem estar desempenhando em sua relação com a comunidade, passa a ser diretamente confrontada com a prática capaz de problematizar sua elaboração teórica, em que as trocas de saberes não estão relacionadas somente com a formação nas chamadas áreas técnicas e específicas do processo profissional tradicional, mas sobretudo com saberes adquiridos na chamada luta pela sobrevivência que, segundo o historiador Edward Carr, "é a responsável pelos rumos da significação da história", a partir, claro, de uma perspectiva não linear e sim problematizadora da realidade. E quantas dimensões da realidade estão presentes na relação "favela/asfalto"!

Sobre isso, vale citar algumas constatações alarmantes: inicialmente sobre a juventude e sua perspectiva nos variados campos, do trabalho, do consumo, dos estudos, da cultura, da moradia e dos conflitos urbanos, cada vez mais espremida e sem opção, acabando por ser escoada para o tráfico de drogas. Pode-se apontar logo após, como um ponto de estrangulamento com interferência negativa à consolidação do espaço da favela na perspectiva cidadã, o enfraquecimento e a dispersão das organizações comunitárias das favelas, cedendo espaço ou sendo expulsas pelo poder crescente do tráfico de drogas e o consequente crescimento do individualismo, que leva ao isolamento grande parte de seus moradores. No caso do Santa Marta, a existência marcada do grupo ECO é que tem conseguido deslocar a ausência da prática do associativismo combativo na direção da diversidade da prática cultural e comunitária.

Outro ponto de estrangulamento da integração da favela, do morro, com o asfalto é a diferença do tratamento da coisa pública com relação ao lixo. Há uma tentativa constante da mídia em identificar a favela com o lixo, o que, grande parte das vezes, acaba ganhando o reforço da população da favela, que passa a ver com naturalidade sua proximidade com o lixo, quase que desvalorizando as pessoas. E, aqui, isso se agrava pela excessiva proximidade das casas, acabando por fazer com que algumas pessoas se sintam à vontade para jogar seu lixo em qualquer canto, mesmo atingindo o espaço de outro morador e até possibilitando o surgimento de doenças.

O que devolve força para a favela continuar sonhando é o que vários entrevistados apontam como a identidade psicossocial que vincula as pessoas àquele espaço de convivência, com vontade de permanecer ali; é o aspecto afetivo da relação comunitária baseada na solidariedade da vizinhança e da união para se superar as dificuldades. Nesse ponto retoma-se o sentido assumido por Maria da Glória Gohn como "matriz de resistência e reformulação de propostas organizando os indivíduos, dispersos no plano da estrutura produtiva, articulando seus interesses, no plano da vida cotidiana, como direitos de cidadania", princípio este aceito por Gribowski quando menciona que essa é uma categoria política, na medida em que expressa a ideia de unidade na diversidade.

Que elementos galvanizadores existem na favela para fazer brotar espontaneamente a alegria da festa, da vida bem-humorada e da esperança próxima ou logo atrás do próximo barraco?

Que parede, que chão, que teto, que laje ou bloco guardam mais arte, poesia e canto que norteiam a possibilidade de se encontrar com a vida nas dobras do relento, da paixão e do sonho?

Alguns parceiros necessários

Embora se caracterizem como relações individuais, em sua maioria, a ordem dos jesuítas mantém com a "comunidade" do Santa Marta, e mais particularmente com o grupo ECO, uma relação privilegiada, na qual se envolvem a PUC-Rio, o Colégio Santo Inácio, a Fundação Teresiana, o Centro João XXIII e o Ibrades (Instituto Brasileiro de Desenvolvimento), na medida em que essas instituições foram identificadas com pessoas que agilizaram as diversas formas de crescimento de relações fortalecedoras da melhoria da qualidade de vida e de consciência da comunidade.

Citem-se os padres Velloso e Agostinho Castejon, a professora. Margarida Neves (Guida), o então padre Atílio Pepe e o padre Carlos James: os dois primeiros têm atuação acentuada. Atualmente, a parceria, especialmente com a PUC, está mais institucionalizada. Citem-se a Vice-Reitoria Comunitária e o Departamento de Comunicação Social, com acesso de alunos que vêm da Favela, e o curso de Cinema para moradores de favelas pacificadas da zona sul do Rio de Janeiro.

O padre Velloso esteve presente na comunidade dos anos 1943-1945 até sua morte no final da década de 1980. Por meio do associativismo cristão e dos círculos operários católicos e de sua dedicação pessoal muito especial, estabeleceu com o Santa Marta a relação mais duradoura e respeitosa de todas.

O padre Agostinho criou laços pessoais de presença junto à comunidade, com vínculo inclusive de moradia, ainda que pontuada por seus demais compromissos, com manutenção de um barraco no morro. Sua presença é contemporânea do grupo ECO, ao qual não só deu sustentação e apoio, mas pode-se dizer até que foi um de seus alicerces, tanto pela abertura e pela referência do ponto de vista religioso, por onde conquistam a confiança dos moradores, quanto por sua identidade política e cultural com o grupo.

A historiadora Guida, professora na UFF, diretora acadêmica e também professora da PUC-Rio, exerceu o papel de assessora e se tornou amiga especialmente da família Silva, sendo comadre do Itamar que, como já se disse, vem a ser uma das principais lideranças da comunidade.

E com relação a Atílio Pepe, à época ainda padre jesuíta, além das atividades pastorais, elaborou uma das pesquisas de maior fôlego, tanto do ponto de vista teórico quanto do levantamento de dados que dão conta do associativismo local, desde seu mais tenro processo de criação e formação.

O padre Carlos James é um pastoralista e antropólogo muito atento e sensível ao momento da comunidade e dos grupos que a compõem, o que o possibilita – além de se fazer o que for preciso e possível no campo da assistência litúrgica, catequética e pastoral – a lançar um olhar crítico capaz de detectar indícios, tendências e vertentes das mais diferentes formas de composição da comunidade e dos movimentos macro que interferem em seu cotidiano. Houve um certo impasse com relação à continuidade da presença institucional católica no morro, pois o Centro João XXIII, ao qual pertencia o padre James, estava de mudança para outra capital. Isso demonstra a dificuldade que se pode criar quando a assistência se reduz ao estágio pessoal não institucional.

Nas três creches existentes no e para o morro, PONSA (Pequena Obra de Nossa Senhora Auxiliadora), Unate (União de Atividade e Técnicas Educacionais) e Unidas do Jaboti (creche que fica no beco do Jaboti, bem na região central do morro), há participação de entidades externas, como a do Colégio Santo Inácio, dos movimentos acompanhados pelo padre Velloso e, em especial, os círculos operários e as obras pastorais que se associam em torno da PONSA. Já a FASE (Federação de Associações Sociais e Educacionais, ONG que presta assessoria aos movimentos populares, sociais e sindicais em todo o país, especialmente no norte, nordeste e sudeste) vai contribuir especialmente com a creche localizada na região interna e central da favela.

Dada sua proximidade com o morro Santa Marta, o Colégio Santo Inácio é que tem mantido contribuição destacada, em atuações mais diretas com pais e alunos, por meio da Unate, na casa de Santa Marta, que o colégio mantém materialmente e com recursos humanos, proporcionando assim condições de seu funcionamento, não só como creche, mas como um centro mais amplo de formação, assessorando os movimentos do morro, particularmente aqueles dirigidos pelo grupo ECO. Outra parceria privilegiada que se dá com este colégio é a criação de seu curso supletivo noturno, que recebe um grande número de alunos vindos do morro. Cita-se ainda sua contribuição com a colônia de férias do ECO, oferecendo principalmente espaço material, como quadras e centros recreativos.

Há instituições de natureza política, criadas no sentido do fortalecimento da organização comunitária das favelas, obedecendo à sua diversidade de vocações. Sobretudo as décadas de 1970 e 1980 vão ser mais férteis para a atuação, por exemplo, da Pastoral das Favelas, liderada por setores mais críticos, sobretudo de leigos, da Arquidiocese do Rio de Janeiro. Ela vai ser referência para várias formas de organização que cresceram naquele momento. A FAFERJ (Federação das Associações de Favelas do Estado do Rio de Janeiro), com momentos de atuação mais representativos dos movimentos associativos, que exigiam atuação sistemática do Estado no atendimento às favelas, especialmente com as políticas públicas e sociais, ou em atuações de resistência contra remoções, perseguições policiais etc., apesar de também se envolver com atuações completamente burocratizadas, que se reduziam à defesa de grupos corporativos e adesistas, cooptados pelo governo, qualquer que fosse ele (Brizola, Moreira...).

Do lado da FAFERJ, destacam-se, nessa linha aparelhista, grupos e pessoas ligadas ao MR8 (Movimento Revolucionário 8 de Outubro), que passa a ter como máxima a inversão do enunciado anarquista: *Hay gobierno, soy a favor*. O ECO, que desde seu nascimento em 1977 acompanha e reproduz os primeiros movimentos dessa fase neoliberal do Brasil, especialmente nos anos em que dirigiu a Associação de Moradores, teve atuação e visão muito críticas, seja fortalecendo grupos independentes, que pudessem hegemonizar a condução do movimento das favelas, via instituição representativa dos moradores, seja pontuando sua participação em momentos muito específicos, quando de fato estivesse em jogo o interesse comum das favelas.

Como vai apontar o *Jornal ECO*, as repercussões nacionais dos movimentos grevistas na direção da mudança política do país chegavam ao Santa Marta e criavam também ali seus bolsões de mudança. Nesse sentido é possível detectar o interesse pela política, em sua dimensão maiúscula, como se dizia numa alusão depreciativa à imagem da política tal qual vem se exercendo, com repercussão direta na questão partidária, que é sua forma oficial de se apresentar. Quem do morro se interessa por política tem logo motivos para desconfiança, pois sua existência é o resultado direto da forma preconceituosa e apartadora que em nome da lei cria, justifica e fortalece a reclusão e o gueto. Há desconfianças, inclusive, do chamado discurso de esquerda que, especialmente naquelas décadas, confrontava a visão ortodoxa ou vanguardista da, então, centralidade da chamada condução da revolução, tida como importação do modelo soviético/cubano, contrapondo-se à visão heterodoxa do poder de condução e de definição, ampliada a partir dos movimentos de base, cuja prática já apontava mudanças em duas grandes instituições – o Movimento Sindical e as Igrejas. A partir do chamado novo sindicalismo, que dirigia os movimentos grevistas e a nova política sindical, e das CEBs, que por sua repercussão nacional ajudavam a criar condições materiais e políticas para a realização das mudanças, o encontro, pode-se dizer dialético, dessa nova visão da realidade, chocava-se com o autoritarismo do poder estabelecido, criando, assim, as condições de consolidação de diversos movimentos de repercussão nacional e internacional, como a anistia – cujo hino é a música de João Bosco e Aldir Blanc sobre o irmão do cartunista Henfil –, e de criação de estruturas novas para a vida política do país, como o PT, a CUT, que somam outras atitudes fortalecedoras da via do processo democrático do país.

O asfalto e o morro se revezavam nessa tarefa e, ao menos do ponto de vista do rigor ideológico, o morro alinha-se no campo da marginalidade, não preenchendo, grosso modo, os requisitos da consciência de "classe", territorializada nas fábricas e nos sindicatos e em alguns bolsões intelectuais e elitistas com capacidade de hegemonização também do novo discurso revolucionário, acomodados e muitas vezes asilados em organizações de esquerda.

Tais observações são importantes e necessárias para situar o fato político da criação do PT e de seu processo de implantação/assimilação no "morro Santa Marta". Tratou-se aí da combinação do discurso revolucionário com a prática democrática e popular que leva em conta a dimensão cultural, da qual a política é parte, ainda mais quando explicitada em partidos. Inclua-se nessa relação de problematização o fato da legalização de um partido, cuja lógica e motivação deve ser de mudança das estruturas que oprimem a maioria da população, fazer-se por meio de cumprimento de exigências cartoriais, sujeitas a contradições em seu preenchimento. Contrapunham-se, aí, a necessidade de democratização, ampliando cada vez mais o quadro da militância partidária – sobretudo acreditando-se que a mudança só se dá a partir da transformação de cada pessoa em cidadão, sujeito de mudança –, com as necessidades numéricas da filiação partidária para o atendimento dos critérios e normas, ditos "burgueses", de legalização.

A Quarta Zona Eleitoral do PT subiu o Santa Marta, estabelecendo-se aí uma troca interessante, até porque houve o confronto de culturas diferentes, apesar de defenderem projetos políticos parecidos com os da favela. Podia-se ouvir militantes do asfalto referindo-se à favela como a saída possível para a necessidade do partido de fazer uma filiação em massa, reproduzindo, em certa forma, a visão corrente dos setores autoritários que veem a favela como o espaço ideal, por causa das carências que saltam aos olhos, de massa de manobra. É claro que essa postura foi veementemente combatida pelos setores do morro que optaram pelo PT como um espaço político a ser construído também a partir de sua realidade. Depois de vários embates de concepção e de construção de militância, o morro optou por assegurar uma dinâmica própria, criando núcleo, sede, e culminou lançando a candidatura a vereador de uma de suas lideranças e, também, do ECO, que já tinha estabelecido sólidas relações com o asfalto, e, portanto, identificada com a visão de mundo que aquele grupo propunha. Havia, pelo menos até o final do século XX, entre os setores mais ativos e mais críticos, uma militância política identificada com o PT e, talvez por isso, também desconfiada de várias práticas e posturas desse partido, mormente as identificadas com centralidades.

No entanto, existiam outras representações políticas no morro que se identificavam com as demais propostas partidárias existentes no cenário político do Rio e do país. Podia-se verificar com facilidade a presença de práticas políticas com tradições autoritárias e paternalistas, como doações de alimentos, brinquedos ou material de construção e demais promessas de época eleitoral. Naqueles anos, o PDT, o PSDB e setores do PMDB eram as agremiações mais presentes com essa metodologia da política no Santa Marta.

Ainda um olhar geral sobre a comunicação

A maioria das casas do morro tem televisão e rádio e, ainda, computadores e Internet. As estações de rádio mais ouvidas eram a Globo, a Tupi, a Manchete, a Tropical FM. Entre os mais jovens a audiência se concentrava na Transamérica e na RPC. O programa "Patrulha da cidade", da Rádio Tupi, era também muito ouvido. A TV Globo era a que detinha maior audiência, secundada pelo SBT. Os programas preferidos eram as novelas, os filmes e os noticiários, especialmente o *Jornal Nacional*, da TV Globo. Muitos moradores procuravam se manter informados "tirando uma casquinha" na banca de revistas, onde ficam os diversos jornais do dia, além de assistir ao noticiário da televisão. O hábito de se informar sem necessariamente comprar jornais todos os dias era muito comum entre seus moradores, por isso algumas bancas de revistas se constituíam como pontos importantes de encontro, de troca de ideias e de socialização de informações. Segundo o averiguado, os jornais mais lidos eram *O Dia* e *O Globo* (especialmente aos domingos), havendo inclusive uma grande penetração de *O Povo*. Além desses, a *Notícia* e o *Jornal dos Sports* também eram lidos por diversos moradores. Ainda que com parâmetros mercadológicos completamente distintos, também tinha grande circulação o órgão de comunicação interno do morro que era o *Jornal ECO*, num contraponto fundamental para a relação "morro/asfalto".

Saliente-se a presença no Santa Marta das novas tecnologias, com internet e desenvolvimento de redes, inicialmente com o Centro de Democratização da Informática (CDI), ampliando as parcerias com estado e município, com cobertura da PUC-Rio.

Perfil do morro Santa Marta

Localizado na zona sul da cidade do Rio de Janeiro, o Santa Marta fica numa encosta extremamente íngreme e acolhia cerca de sete mil habitantes até meados dos anos 2000. Quanto à presença do Estado, de forma fixa havia apenas o departamento policial (D.P.O. – PM). Quanto às políticas públicas em andamento, pode-se citar a da Secretaria Municipal de Desenvolvimento Social, tratando especificamente do saneamento, das escadas e dos caminhos da favela. Há ainda a presença de garis comunitários e de obras destinadas à contenção das encostas.

Após a entrada da UPP[1], são expressões mais visíveis da presença do poder público: o bondinho sobre trilhos, construções de habitações, a Escola de Música para crianças, obra do Rio Solidário e Ponto de Cultura.

A favela existe desde o final dos anos 1930. Os primeiros moradores ocuparam a parte mais alta do morro, hoje chamada Pico, e em seguida o meio da encosta. Essa forma de ocupação protegia os moradores da vigilância dos guardas florestais (fiscais), que de baixo não visualizavam os barracos entre as árvores.

---

1 O quinto capítulo, "É possível uma outra cultura de segurança?", aborda a questão da UPP.

Em um segundo momento, o aumento da ocupação social do espaço se deu do meio para baixo, em função da facilidade no transporte do material de construção, bem como da facilidade do acesso ao mercado de trabalho e à pressão da falta de moradia, que "cooptou" o poder institucional. À época, os bairros da zona sul da cidade apresentavam um acentuado crescimento, pelo início da construção maciça de prédios, principalmente em Copacabana.

Inicialmente os barracos eram de madeira, adquirida aos lotes nas obras próximas à favela. Os telhados, cobertos por telhas francesas, eram, em sua maioria, conseguidos nos desmontes de casarões antigos do bairro. Os mais pobres e/ou os que moravam mais próximos da mata construíam casas de barro ou estuque, utilizando técnicas trazidas do interior. No início, as residências, mesmo pequenas, tinham quintal e uma área ao redor da construção, que era às vezes cercada. Aos poucos as casas foram perdendo esses espaços, que deram lugar à construção de outras habitações.

Desde o início registra-se a ação da Igreja Católica, na presença de um padre – o padre Velloso – e de uma obra social próxima à favela. Nos anos 1950, a Igreja Católica promoveu os círculos operários, com o objetivo de organizar os trabalhadores em seu local de moradia.

Já no princípio dessa mesma década, houve a primeira ameaça de remoção. Os moradores organizaram então uma passeata de protesto que contou com a presença e o consequente apoio de Margarino Torres, político de origem comunista, ligado ao PTB para driblar a legislação que impedia a legalização de partidos comunistas ou de esquerda.

Foi criada também, nesse período, a Comissão de Luz, que cuidava da distribuição da energia elétrica na favela. Essa forma de gerenciamento do serviço vigorou até o final da década de

1970, como se verá à frente, quando a Light instalou seus próprios relógios na favela. O serviço, inicialmente realizado pela Comissão de Luz, foi assumido pela Associação de Moradores, tão logo esta foi criada.

No início dos anos 1960, deu-se uma intensificação da atuação de organizações católicas na comunidade, que redundou na construção da caixa d'água. A melhoria contribuiu também para um maior crescimento da ocupação do espaço. Na época, houve um reforço no fornecimento de energia elétrica. Na mesma década, destacou-se a atuação de um pequeno grupo de moradores militantes do Partido Comunista, que hoje já não estão mais na comunidade.

A partir do início dos anos 1970, ocorreu um grande crescimento populacional, com um consequente adensamento da ocupação espacial, devido à migração intensa de nortistas e nordestinos, modificando a composição inicial da população, que era basicamente composta por pessoas provindas de Minas Gerais e também pelas oriundas do norte fluminense (São Fidélis, Campos, Miracema, Itaperuna etc.). Com isso os barracos ocuparam quase todos os espaços vazios. Muitas árvores foram derrubadas e várias áreas, que anteriormente eram de lazer, foram utilizadas para novas construções. Os caminhos ficaram sensivelmente mais apertados e os problemas com o abastecimento de água e luz se agravaram. Nessa época também se verificou um crescimento ostensivo da aquisição de aparelhos eletrodomésticos pelos moradores da favela.

Embora houvesse alguns habitantes partidários do lacerdismo, especialmente de 1974 a 1979, a favela foi um reduto eleitoral do MDB chaguista, com uma prática claramente clientelista.

Entre 1979 e 1981, a comunidade travou uma luta pela entrada da Light na favela, alcançando uma melhoria sensível na qualidade do serviço. A mobilização dos moradores em torno do abastecimento de energia elétrica teve, como uma de suas consequências, a abertura de um período de transição e de mudanças na Associação de Moradores.

Nos anos 1980, verificou-se uma modificação no padrão das construções na favela, tendo os barracos de madeira cedido lugar aos de alvenaria. Nesse período foram também instalados alguns telefones particulares.

Nessa década, foi de grande importância para a comunidade do Santa Marta o apoio recebido das instituições católicas com sede em Botafogo, bairro em que se situa o morro, que reforçaram as iniciativas comunitárias – mutirões para a construção e manutenção de creches, para a construção e a melhoria de caminhos etc. – contribuindo de forma muitas vezes decisiva para a melhoria das condições de vida na favela. Houve inclusive um sistema de financiamento de material de construção, a preço de custo, que foi fundamental para a reforma ou mesmo para a reconstrução em alvenaria dos barracos de diversos moradores, que muitas vezes organizavam mutirões entre si para tais construções. Ainda na década de 1980, foram fundadas as três creches que até hoje atendem às crianças da comunidade, frutos da luta e da organização dos moradores, especialmente das mães, apoiadas pela Associação de Moradores e por organizações não governamentais.

Atualmente a maior parte da população da favela trabalha no setor de serviços – em hotéis, farmácias, firmas de limpeza e conservação de ambientes, restaurantes, serviços domésticos etc.

Essa é a favela, o morro, a comunidade, cujas identidades, diferenças e interações, ao menos em suas primeiras manifestações, já estão aqui identificadas, faltando ainda se desvendar os segredos que atravessam suas fronteiras para se aninhar no coração da cidade, apesar da ferida exposta em forma de violência que parece esconder sua origem mais ampla, capaz de romper com a linha divisória que pode falsear o tamanho real da cidade.

Caso se fosse traçar o perfil da diversidade das cidades do asfalto, o mais provável seria que várias questões parecidas fossem enumeradas, mas a partir do patamar ético, filosófico, cultural, político e econômico em seu confronto direto e imediato com o perfil da natureza humana e de seus desafios com os limites da existência.

No entanto, no perfil do asfalto certamente não se estaria falando de contribuições de entidades, de mutirões ou de outras práticas que requerem a participação comunitária dos moradores locais, nem dos grupos de pressão política que reivindicam elementos básicos de sobrevivência, como moradia, saúde, iluminação, saneamento etc. Esses são desafios a partir dos limites do caos.

É claro que com isso não se está excluindo a necessidade ou mesmo a existência dos grupos – e de outros espaços – de pressão política, nem de formas civis de atuação coletiva que têm significado universal na luta pela cidadania e pelas conquistas democráticas. Resulta que, além dessas, os que estão no gueto e na marginalidade têm um caminho muito mais longo para percorrer. E, como os caminhos se fazem no caminhar, é dos mistérios escondidos da guerra do – ou contra o – tráfico, do silêncio, do medo, que está brotando música, poesia, afeto, utopia e vida que eclodem fora da ficção, do cinema, do consumismo e da ameaça de sequestro para os que têm poder econômico. Ao longo do caminho é possível descobrir que se pode e que se sabe. E aí está rompida a linha divisória que separa a cidade.

Ainda voltando à discussão anterior da diversidade do perfil do Santa Marta, que bem pode ser Dona, há de se ressaltar que, como favela, guardaram-se nela diferenças, no Pico, no Cantão, na Escada, na rua Pe. Hélio, que reúne centros explícitos de poder: a sede da Associação de Moradores, a sede do ECO, a birosca do Zé Mota, ou ainda os becos estratégicos e as lajes por onde se entrincheira o exército do tráfico de drogas.

Já se tratou de duas ambiguidades: Santa ou Dona Marta? Favela ou morro? Há uma terceira: comunidade atuante ou excluída?

A noção de *comunidade* pode sugerir significados diferentes, dependendo do momento histórico, do espaço social ou do contexto político institucional a partir de onde, quando e como é usada.

Naturalmente esse conceito ou essa categoria foi bastante problematizada em termos antropológicos, sociológicos, políticos, psicológicos, filosóficos, com os moradores e as lideranças da favela, para, a partir dos dados e das análises feitas, confrontá-los criticamente para melhor precisar as formas de identificação da diversidade da favela e do morro.

No entanto, mesmo levando-se em conta toda a controvérsia gerada, pode-se precisar, numa perspectiva de consolidação de significados, que o uso comum dessa noção a indica como referência de comunidade. A partir do grupo ECO (que aprendeu com tantos outros), se vê a aglutinação local de moradores, com o objetivo político de organização e mobilização sem, no entanto, desconhecer as diversidades e as diferenças que estão presentes na construção de momentos de unidade.

O ECO e a construção da comunidade

Nos quase vinte anos de existência do grupo ECO, há que se distinguir momentos diferentes de atuação, de acordo com os ventos conjunturais, que em tempos mais ou menos tempestuosos atingem a favela e, consequentemente, o próprio grupo e a Associação de Moradores, cujos membros estão literalmente expostos, junto com todo o conjunto de moradores, ao fogo cerrado, tanto do tráfico quanto das intempéries da ausência de atendimento às necessidades básicas, de responsabilidade das políticas públicas.

Uma comprovação da forma pendular da publicação do jornal pode ser verificada exatamente nos anos em que duas catástrofes, de diferentes naturezas, expõem o Santa Marta para o Brasil e para outras partes do mundo, com as guerras de quadrilhas (Zaca *versus* Cabeludo) em 1987 e os trágicos desabamentos de 1988, que resultaram em mortes, hospitalizações – também com a internação do presidente da Associação, Gilson Cardoso, acometido por leptospirose – e muitos desabrigados. Durante os dois anos, apenas três números do jornal circularam no morro.

A comunicação interna e a autodefesa da comunidade são feitas por outras formas que possam superar não apenas as dificuldades materiais, mas sobretudo que atendam a estratégia do confronto, da disputa de hegemonia de imagem e de identidade criada sobre o morro, pelo asfalto e pelo próprio morro. Pode-se citar entre as disputas, de um lado, já tratada neste trabalho, a caracterização do morro como lugar de "bandidos" e, portanto, de violência, a qual pode ser assimilada pelas crianças desde a infância, no sentido de reforçar esse imaginário na sociedade, como nos exemplos a seguir: o da menina Carla, no qual propagou-se, menos a cores e mais em branco e preto, porque essas últimas se identificam mais com a imagem, que correu o mundo inteiro, da menina negra, armada e expondo com orgulho sua moderna pistola – concedida pelo tráfico –, numa bela inspiração para a ficção cinematográfica de *Como nascem os anjos*; e o de Brasileirinho, o garoto herói da Rocinha, que consolidou uma imagem, reciclada do Brooklin, de coragem e precocidade ao preencher a lacuna que as desigualdades criam, como se a vida pudesse acontecer no vazio. Assim, há métodos criados no espaço da marginalidade, não consoantes com as teorias oficiais ou com o *status* definido pelas estruturas em vigor. Ainda na composição da contradição desses espaços, podem-se citar também imagens que a mídia eternizou, demonstrando a capacidade que o asfalto tem, no domínio das leis do mercado, de cooptar até mesmo cenas de crimes. É bom exemplo disso o que o *design* da moda consegue, ao transformar em *grife* Naldo – um traficante da Rocinha que nos idos de 1980 desafiou o risco da publicidade e assumiu, com elegância e ar cinematográfico, a divulgação das suas atividades beligerantes, do controle do tráfico na maior favela da América Latina –, transportando das lajes perigosas da favela às vitrines irresistíveis de Ipanema os *joggings* brancos que permitiam um disfarce charmoso ao bandido que, de capuz, fazia "cantar a Jovelina" – apelido dado ao manejo da metralhadora que, embora sendo um canto de destruição, é comparado, pelos usuários da droga e da arma, à grande sambista negra. E isso é mais uma apropriação espetacular da favela pelo asfalto.

Parece chegado o momento de se colocar a questão: de que forma o *Jornal ECO* se confunde com a história de organização da comunidade? Ele vai levar para os moradores as diferentes visões e propostas que estão em curso na favela. Merecem destaque aqui alguns exemplos em que a expressão numérica é também resultado de consolidação desse órgão de comunicação, que abre caminhos para se tomar tais ou quais decisões. É claro seu posicionamento político na direção da organização democrática e participativa da comunidade, cuidado que foi tomado desde a elaboração do estatuto à divulgação de seus princípios, nos editoriais do *Jornal ECO* a partir de sua fundação.

Inicialmente pode-se falar da assembleia realizada em 1986, já citada, em torno do projeto de urbanização do morro, na qual nada menos de setecentos moradores, na maior reunião realizada na comunidade – na PONSA –, encontram-se com o vice-prefeito Jó Rezende e mais alguns secretários da Prefeitura, que traziam um projeto para a urbanização do morro. Aquela assembleia encontrou-se diante de uma situação inédita: a que coloca como representante oficial do Estado o vice-prefeito que era ex-presidente da FAMERJ, portanto, um dirigente com domínio da linguagem, dos métodos e das teorias subjacentes ao movimento associativo. No entanto, não conseguiu convencer a assembleia com seus argumentos, porque a direção da Associação, prevendo essas dificuldades, e ao mesmo tempo convencida da importância da participação dos moradores, procurou discutir de forma descentralizada, antes da assembleia, todos os pontos do projeto. Contrapunham-se ali dois projetos que os órgãos públicos levaram à discussão com os moradores: um que trazia a utopia e o sonho de se transformar o morro em bairro popular, reproduzindo nele os modelos habitacionais do BNH, que de alguma forma, ao verticalizar a moradia, criaria mais espaços que poderiam ser dedicados ao lazer ou ainda às implantações de órgãos para o atendimento público, e outro que levasse em conta a cultura e a opção dos próprios moradores.

Por que o vice-prefeito não conseguiu convencer a assembleia com seus argumentos? Certamente porque não considerou as nuanças culturais e históricas dos moradores da favela, que passaram a ver aquela proposta como uma espécie de remoção, por causa do isolamento que aquele projeto de cidade poderia gerar numa comunidade já acostumada às práticas de solidariedade que brotam do chão disforme, mas povoado. A comunidade, com sua Associação, pensava um projeto alternativo de urbanização. Com quem e como será implantado? Outro capítulo, merecedor de tratamento e estudo especiais, é o que trata da urbanização do Santa Marta, já aprovado na comunidade, com promoção conjunta do Estado e do Município, com os primeiros andamentos no ano 2000.

Porém, tais políticas pouco avançaram, na medida em que a questão da segurança ameaça a cidade, o Santa Marta tinha as condições favoráveis para a inauguração da nova política das UPPs. Isso provoca a necessidade de implantação de políticas públicas.

Há que se notar, porém, a distância enorme entre a cultura e a concepção de cidade de quem pensa a favela desde os critérios do asfalto, sobretudo quando a referência de relação passa pela burocracia de modelo de Estado feito pelo e para o asfalto, ainda que seus dirigentes possam ter passado e se originado em processos de construção democrática. A mudança dessa relação está na proporção direta da transformação de estrutura de poder, na qual a sociedade civil tenha força e autonomia na definição dos critérios e da organização da máquina administrativa.

Outro fator de mobilização da comunidade pode ser percebido com o fato novo da grande presença nos processos de votação quando das eleições da Associação de Moradores, disputadas por membros do grupo ECO. Mais de oitocentos moradores comparecem, em novembro de 1981, votando na Chapa Azul para a direção da Associação com a esmagadora maioria dos votos, mais de seiscentos. E em dezembro de 1985 já compareceu um número maior de moradores, mais de mil eleitores, porém, a conjuntura apresentou um crescimento acentuado do grupo ligado ao narcotráfico. Esse é um comparecimento expressivo para representações locais. No caso do Santa Marta, isso significa aproximadamente 10% de sua população.

Outra constatação refere-se à maior regularidade do *Jornal ECO* durante o mandato da Chapa Azul, dirigida pelo Itamar Silva. Ela é reveladora possivelmente de maior participação, tanto do ECO quanto da Associação, na busca de implantação de micropolíticas e da presença diversificada de moradores na vida da comunidade, seja nas creches, nas atividades da colônia de férias, nas construções por mutirões etc.

A segunda administração do grupo à frente da Associação é marcada por crises cotidianas mais acentuadas, ao mesmo tempo em que se prioriza a relação da favela com a cidade, confrontando suas formas de administração. Além da opção política de enfrentamento da questão específica da habitação e de seus desdobramentos no ambiente natural e administrativo da comunidade, ela é marcada por acontecimentos que geraram muita repercussão interna e externa, como os já citados: guerras e desabamentos e o confronto aos projetos da Prefeitura.

A tentativa neste momento é a de fazer uma leitura de elementos e de acontecimentos que ajudem a caracterizar a história do Santa Marta a partir do *Jornal ECO*.

A característica principal do jornal é sua marca de consolidação da relação comunitária e solidária no imaginário da população do morro. Sendo assim, a Associação de Moradores, o grupo ECO e todas as atitudes políticas interessadas no crescimento e na melhoria da favela e da compreensão da forma com que seu cotidiano interage com a diversidade dos projetos, de dentro e de fora, ocupam o centro das preocupações.

Há, portanto, desde a busca de esclarecimento pelo conjunto dos moradores sobre os principais acontecimentos que constituem sua história, até a apresentação e leitura dos significados das principais relações que se estabelecem, nos mais diversos campos: político, religioso, cultural etc., como registra a preocupação do *Jornal ECO* em acompanhar, propor e realizar discussões e práticas que aproximem os moradores dos acontecimentos do morro e os do asfalto de forma diversificada.

No desenvolvimento do processo de eletrificação no morro, dos primeiros esforços, por meio das ligações de alguns "gatos", à eletrificação direta da "Laite" – forma pedagógica que o jornal adota para Light, a fim de que os moradores da comunidade não se percam na pronúncia –, transcorreram vinte anos, de 1962 a 1982. Esse meio-tempo foi marcado, de um lado, pela tentativa de organização da Associação de Moradores, cujo primeiro estatuto data de 1965, e, por outro, pelas relações pautadas por iniciativas individualistas e autoritárias, com algumas pessoas se arvorando em "donas" do morro, adotando quanto a ele um sentido de propriedade privada.

E, aqui, a referência não quer falar da atualidade da apropriação da expressão e do espaço (é o que se busca) por parte do tráfico. Quer dizer, sim, das lideranças isoladas de representantes dos princípios e das práticas da ditadura militar, que se arvoravam em "donos" do morro, pela intimidação e pela força policial. Seu Lopes, depois seu Luís, se consideravam donos. Alugavam espaços e barracos. A partir dos anos 1960 e 1970, embora não more no morro, Pedro da Prata começou a encher os olhos com a estratégia do espaço para a distribuição de drogas. Assim a "propriedade privada" no morro vai se "consolidando".

Uma outra marca do jornal que merece ser novamente destacada é seu caráter pedagógico. Algumas vezes é possível notar sua tentativa clara de que a população perceba, em seu conjunto, o que cada coisa significa individualmente. Sobre isso, o exemplo do movimento em torno do lixo, com concursos de desenhos sobre o tema, leva as crianças, desde cedo, a conceber e a tratar de maneira educativa uma questão tão polêmica, que interfere no cotidiano de todos.

Há um tratamento especial a todos os temas que se referem à relação da comunidade com o Estado, com a Associação e com o conjunto de atitudes, ações e práticas estabelecidas entre os agentes externos e o morro.

O grupo ECO e seu jornal – Algumas observações sobre as formas de comunicação

Os mais de sessenta números impressos desse jornal permitem estudar vários traços da história e do perfil do Santa Marta. Isso foi muito importante não só para que se pudesse expor aqui as características do movimento associativista, mas também para aquilatar a importância de um meio de comunicação com relativa autonomia para contrapor e apresentar situações novas a que a comunidade, aparentemente, ao menos, não tem acesso.

Uma observação preliminar, que se faz necessária, diz respeito à caracterização do *ECO*, mais especificamente como jornal, por sua dimensão política e crítica. Talvez até se possa falar dele como o mais eficaz instrumento de luta política da comunidade, como escolha da forma de disputa de poder, em alguns níveis.

Esse vínculo é de importância decisiva na disputa e na conquista, ao longo de dois mandatos da Associação de Moradores do morro e, em outra escala, é possível apontá-lo como a forma prioritária de ação de um setor da comunidade, pode-se dizer que o mais preocupado com o caráter coletivo de conquista da cidadania e da democracia não só para a favela, mas também para os espectros macros da cidade e do país. Essa angústia só se dá pela produção cultural e política da mídia – falada e escrita – que não só atinge o conjunto dos moradores, mas também, como relata Itamar Silva, que como já se viu, é uma das lideranças mais consolidadas nessa comunidade: "São eles que estabelecem a verdade, por mais que os (nossos) olhos presenciem outro fato."

Por isso o jornal, que fala a partir da comunidade, vai ganhando, aos poucos, sua confiança. Seus editoriais e os conteúdos de suas matérias, de um lado, mantêm a linha de conquista de direitos, de autoafirmação e de autoestima, pela potencialização dos recursos de sua cultura, de suas ações por melhorias na qualidade de vida, e, de outro, vão se constituindo na "voz dos moradores", rompendo com o silêncio do medo, da alienação, da apatia e da omissão dos favelados.

O *ECO* firma-se, muito provavelmente – diz o pesquisador Atílio Pepe –, como o "porta-voz dos interesses e das vivências dos moradores, formador de opinião e veículo de mobilização de ações coletivas". Mutirões para variadas finalidades, colônia de férias, cursos diversos, serviços de creche, programas de saúde, de formação política, eventos etc., tudo é noticiado pelo *ECO*, que atinge parte significativa da comunidade. Além de obter respostas concretas em termos de organização, ele mantém o costume de divulgar, para o conjunto da comunidade, promoções, acontecimentos e fatos específicos a ela, constituindo-se inclusive numa voz crítica, muitas vezes dissonante, da leitura, da interpretação e da análise, pela grande mídia, da favela, da cidade, do Brasil e do mundo.

Ora, o que o *ECO* estabelece com a comunidade são *conversações*. Isso talvez nos ajude a compreendê-lo de forma menos pretensiosa. Do contrário, estar-se-ia apontando para patamares de disputas extremamente desiguais com potências da comunicação e dos controles econômico e político.

Como contrabalançar, se possível, a pedagogia que esses diversos órgãos exercem sobre a favela, atingindo, como pelo exemplo dado por Jorge Luís de Souza, presidente da Associação de Moradores do Andaraí, na *Isto É* de 29 de janeiro de 1997: uma criança de quatro anos que vê motivo para diversão em fazer revólver de biscoito ou de tijolo e, com ele, brincar. Seria apenas imitação dos traficantes? E a polícia e os programas de televisão também não são decisivos na formação desse imaginário sociocultural?

O poder, em geral, sofre do vício da arrogância que impede perceber outras possibilidades. E muitas vezes são surpreendentes as consequências incontroláveis das microrrelações da *conversação comunitária*. Ao completar 12 anos em 1989, o jornal se autodefine: "... é a história viva do morro Santa Marta em forma de jornal."

Por isso, uma das maneiras de se descrever pedagogicamente a história do morro pode ser a de acompanhar, ainda que de modo pontual, como o grupo ECO se apresenta em seu veículo de comunicação, para o qual a preocupação primeira é que a comunidade conheça sua história. E tal concepção de história alinha fatos marcantes, especialmente aqueles ligados às conquistas de direitos para a organização da infraestrutura básica da vida do morro, como a eletrificação, começando com os "gatos", em 1962, que iluminava uma população aproximada de treentos barracos. A água era conseguida com muito sacrifício na mina das "quatro bicas", "quando se ficava na fila a noite toda, para se conseguir uma lata", como conta o sr. Antônio Mengão, no morro desde 1954.

Da história dos "gatos" à conquista da eletrificação em 1982, muita gente da comunidade lutou. E em conexão com a história da luz, o ECO, a Associação e a comunidade perderam um de seus membros, exatamente um que tinha participação marcante junto à comunidade: o birosqueiro Dedé morre eletrocutado. A partir disso ele se torna o símbolo da luta do grupo ECO. A celebração dos ritos católicos em torno da morte do Dedé, que mereceu um número especial do *Jornal ECO* – Suplemento 38 de 13 de fevereiro de 1982 –, dá uma ideia da presença marcante da Igreja Católica, em sua versão de engajamento nas lutas da comunidade que fazem a história do Santa Marta. Outra forma de se resgatar a história do Santa Marta, escolhida pelo ECO, são os depoimentos pessoais. Por meio da edição número 47, de maio de 1984, do *Jornal ECO*, convoca-se: "Ajude a contar a história do morro.

Faça parte dela. Se você conhece alguma coisa dela, ou possui algum documento importante, por favor, não esconda. O *Jornal ECO* está fazendo este trabalho e depois vai divulgar para todo mundo."

Outro incentivo do jornal é pelo resgate da história de sua comunidade por meio de questões temáticas, como a violência, a religiosidade, a cultura, a sexualidade, a adolescência, a juventude, o consumo, a profissão etc., mostradas no vídeo *Duas semanas no morro*. Sobre isso, seu número 52, de outubro de 1985, estampou o seguinte texto: "Estão ficando animadas as filmagens para a feitura do vídeo sobre o morro (...) Faltam muitos moradores para serem entrevistados. Dê a sua colaboração para que este vídeo conte fielmente a história do morro."

Há também a preocupação pedagógica com a mudança de consciência sobre certos problemas que prejudicam a vida da comunidade, sendo que suas possíveis soluções, ou mesmo meras amenizações, dependem também do engajamento e do esforço pessoal, individual e coletivo. "Quem pegar todos os nossos jornais vai perceber que, em sua maioria, a gente aborda o problema do lixo em nossa favela." (...) "Já fizemos mutirões de limpeza de valas." (...) "Não jogue lixo nas valas por amor dos nossos filhos." Essas são mensagens que podem ser encontradas nas edições do *ECO* durante os anos de 1984 e 1985. Essa preocupação chegou às creches e a outros espaços educacionais e lúdicos, como a colônia de férias e as escolas comunitárias, onde há concursos de redações e de desenhos sobre o lixo e as soluções para seu escoamento, desde a reciclagem, até as formas de tratamento que façam descobrir o que de aproveitável ainda há no lixo para, ao mesmo tempo, evitar os males que ele possa causar.

O grupo ECO desde seu início expressa por seu jornal uma preocupação com o conjunto das questões que afetam o morro, bem como com as formas de transformá-lo. Uma das primeiras lutas, nesse sentido – veja-se o número 3, de outubro de 1978 –, foi a da construção de uma Associação de Moradores, como já se disse, mais combativa e representativa: "Falta-nos uma associação onde a diretoria apenas ajude a organizar as coisas, porque o que fazer e o seu controle vai estar sendo dito pelos moradores que participam. Queremos uma associação que realmente seja nossa e que ajude a mudar o morro."

Por outro lado, "... nós do *ECO* temos observado e analisado o momento político do país, do Estado e do município (...) e sobre as eleições de 1982 assume-se a autocompreensão do grupo e do movimento como pertencendo ao 'movimento popular'", que se contrapõe à visão de políticos, vistos como politiqueiros.

Outras duas iniciativas de caráter cultural foram também tomadas: uma foi o projeto "Cinema no morro", iniciativa que surgiu em 1985, a partir das filmagens do vídeo *Duas semanas no morro*, de Eduardo Coutinho, em que se criou um cineclube onde se pudesse ver e debater o cinema brasileiro, e a outra foi a fundação da biblioteca Palmares, para propiciar um maior acesso dos moradores da comunidade à leitura e à literatura. Trata-se, portanto, de iniciativas e realizações que o senso comum identificaria com certeza como sendo mais próprias do asfalto.

Outra mobilização presente desde o início das atividades do *ECO* foi o teatro. Desde 1979, o jornal prestigia e apoia algumas iniciativas de encenações teatrais pioneiras e vitoriosas: no dia do trabalho; no morro do Cantagalo, criticando a organização da visita do Papa; em apresentações no colégio Santo Inácio e, ainda, apresentando cenicamente alguns fragmentos da história do morro.

Outra caraterística registrada pelo jornal são os passeios coletivos que, desde o final dos anos 1970, até hoje, acontecem em diferentes localidades do Rio de Janeiro e mesmo fora dele. Foram escalados todos os seus pontos altos, como a Pedra da Gávea, o Pico da Tijuca, o Corcovado, o Dois Irmãos, que o jornal, de forma irônica, assim expressou: "O grupo se cansou de pobreza e resolveu conhecer o lado nobre da cidade."

E, nessa mesma direção, pode-se falar de outra combinação frequentemente feita pelo grupo, ampliada em geral com os instrutores da colônia de férias: os passeios para avaliação, análise e discussão política, social e cultural, acoplados ao lazer, que como propalou o jornal: "Têm se dado sobretudo nas cidades da região serrana: Teresópolis e Petrópolis."

Constâncias e inconstâncias na periodicidade da circulação do *ECO*

Em seus quatro primeiros anos de circulação, o *ECO* tornou-se um grande instrumento de oposição e, por isso, manteve-se com toda regularidade mensal "como o grande veículo de informação dos acontecimentos do morro – como é dito em sua edição de novembro de 1980 – e de críticas, quando necessário". Desempenhou durante esse tempo o papel de articulador político do novo setor da comunidade que iria assumir o poder, a partir de um processo de lutas, disseminado pelas mais variadas formas de viver e de conviver dos moradores que reconheciam no grupo, visivelmente por meio do próprio jornal, suas novas lideranças comunitárias. Como esse grupo se preocupava com as crianças, com os jovens, com as mulheres, com os discriminados em geral, havia a esperança de que melhorias materiais, intelectuais, culturais e espirituais estivessem sendo levadas a efeito no morro. A linguagem da participação e da democracia começava a apresentar os primeiros resultados e o grupo assumiu a direção da Associação de Moradores com uma vitória exuberante – mais de 80% da votação geral que reunira, como já se mencionou, aproximadamente 10% da comunidade, inaugurando um percentual altíssimo de representação eleitoral no movimento associativo. O jornal credenciou-se, sem sombra de dúvida, como o "porta-voz" do grupo que assumia o poder oficial no morro. E a diretoria da nova Associação tinha noção disso. Segundo um de seus dirigentes, "o *Jornal ECO* é a razão de a gente estar hoje na diretoria da Associação. O *ECO* é a coisa mais importante para que a comunidade se conscientize de seus próprios problemas."

No entanto, a comunidade começava a sentir falta da regularidade de sua publicação, quando, depois da vitória que o colocou à frente da Associação, o grupo se assoberba no trabalho e não dá conta de manter todas as frentes com a mesma agilidade. E o jornal foi uma das frentes prejudicadas, o que gerou a reclamação da população: "Cadê o *ECO*? Agora eu não sei mais das novidades do morro", ou então, de forma mais crítica: "O *ECO* não vai falar mal deles mesmos?"

Com maior ou menor regularidade o jornal continuou informando e fomentando o espírito crítico na comunidade. Pode-se dizer que a década de 1980, praticamente o período em que o grupo ECO esteve à frente do movimento comunitário, pela hegemonia da Associação de Moradores, além das lutas em torno das reivindicações comunitárias na busca da melhoria da qualidade de vida, o jornal foi usado sobretudo para ampliar a consciência democrática e participativa da comunidade. São eleitos aí como prioridade os jovens, tanto os que descobriam as atrações dos diferentes mundos, do consumismo, do tráfico, quanto aqueles de quem se pôde então dizer que "a procura de se esclarecer e de estar de bem com a vida, cuidando do corpo e da saúde, vêm revolucionando o Santa Marta", como pode ser lido nas páginas do jornal. Ele também procurava divulgar e acompanhar os passos da juventude por meio dos festivais de "música popular", na PUC-Rio, no Santo Inácio e, mesmo, no Pavãozinho. Tratava inclusive de fortalecer os esquemas de aprendizado e de informação, profissional e intelectual, procurados pelos jovens, assim como seus interesses voltados para a participação política, como o apoio ao voto a partir dos 16 anos e à campanha *Se liga dezesseis*, para eleger o presidente da República em 1989, depois de duas décadas de ditadura. Foram do mesmo modo formas incentivadoras de interação com o asfalto, conforme a edição número 58 do *ECO*:

> Nos bailes, tanto da rua quanto do morro, todos dançam e balançam sem preconceitos. Percebemos a cada dia a juventude romper com os preconceitos entre rua e morro e dar o exemplo de que somos iguais, se temos as mesmas chances. O caminho é esse: se esclarecer, se informar, se formar, se divertir e aprender que temos que conquistar o nosso espaço nesta sociedade e transformá-la para que não haja nenhum tipo de discriminação.

Assim, além do recuo estratégico já referido antes, que fez com que o jornal não circulasse nos dois anos difíceis de 1987 e 1988, é preciso ainda buscar o seu papel a partir de 1989, quando o ECO sai da Associação de Moradores e reassume-se como grupo oficializado em sua natureza cultural e comunitária, para se aprofundar nos objetivos políticos que estão presentes no projeto de sua permanência como grupo e nas confrontações que sua luta impõe a essa continuidade.

O *ECO* e a preocupação com as atitudes individualistas

O *ECO* é o antídoto do individualismo que também "assola" o morro, alimentado pela lógica da massificação individualista dos programas de televisão. A própria novela funciona como um substitutivo das utopias, ao criar projeções daquilo que não se pode realizar. De certa forma, o resgate do individualismo, como a inserção subjetiva da liberdade, passa a ser a novidade, segundo grande parte dos pensadores atuais.

Paulo Vaz caracteriza esse momento como aquele que, ao opor antigo e novo, prega o fim do espaço público e pode estar reativando o discurso da decadência, conclamando, enfim, ao sacrifício do presente em prol do futuro.

Que influência tem na favela essa tendência cultural e política que circula com a globalização?

Embora essa seja também uma onda que atinge a favela, a do individualismo não segue os mesmos caminhos, porque o presente e o futuro acenam de forma diferenciada para a favela e para o asfalto, se não forem adotadas ações modificadoras da estrutura atual.

O risco e a norma também se apresentam para o morador do morro e da periferia. Uma profunda vigilância se expõe e se esmera, na forma hierarquizada que a sociedade do poder organizou, atribuindo aos médicos, aos carcereiros, aos professores, aos policiais e aos psicólogos, psicanalistas e psiquiatras o papel de sujeitos da interiorização do controle. Contraditoriamente, onde há mais fragilidade na luta pela sobrevivência, com a proximidade terminal, a convulsão pode encurtar o tempo e o espaço entre o conformismo e a resistência.

Tendo, ainda, por base o enfoque dado por Paulo Vaz, em geral, procura-se estabelecer novos espaços para a produção da lei, cuja consciência e meta se dirigem à ação. Trata-se da procura de equilíbrio entre o prazer atual e a dor futura e vice-versa. Vale também dizer entre culpa e desejo que, em geral, a cultura religiosa se encarrega de domar ou de controlar.

Novamente é possível falar do imponderável que a cultura do risco pode criar: uma criança de poucos anos, por exemplo, quatro ou cinco, que presencia assassinatos brutais, que fica em meio a invasões policiais violentas e arbitrárias, que vê seus pais, irmãos e vizinhos na iminência do risco da morte, certamente vai criar critérios para a relação com a vida a partir dessa realidade de risco, de agressão, de exclusão e de reclusão que já burlaram a lei do respeito à ética, à norma e à justiça.

E Paulo Vaz pondera, mais ainda, que a saúde individual com a qual os meios de comunicação se preocupam demasiadamente corporifica o risco na figura do portador, do dependente e do endividado.

Parece possível, ao se adaptar para os conceitos aqui defendidos tais ideias, deslocar esse tipo de relação, que identifica a ansiedade do cotidiano diante dos atos que dão prazer, para uma leitura do controle que pode se estabelecer sobre a favela pela previsão de sua saúde social, que ameaça e coloca em risco a sociedade, obrigando a estabelecer num lugar fora os responsáveis pelo adoecimento e pela morte. Mas esse cuidado excludente pode ter como fio condutor não mais o risco da doença e, sim, o estabelecimento entre o morro e o asfalto da trilogia – portador, dependente, endividado – do tráfico.

É possível estabelecer a partir desse deslocamento mais um laço do que se pode chamar de "aliança estratégica dos ilegalismos", que permite, de um lado, extrair do morro vantagens econômicas e políticas para o asfalto, sem que esse seja diretamente atingido, enquanto de outro lado, o castigo, a prisão, a punição e a disciplina ficam com o espaço definido na favela, onde a condenação como castigo da rebelião do crime pode reprimir o risco da fragilidade e do desejo. A complexa rede da disciplina e do controle retoma os procedimentos da relação poder-saber, também chamada individualidade combinatória, com a vigilância hierárquica, a sanção normalizadora e o exame.

Ecos do ECO hoje

A continuidade atuante do ECO pode ser reproduzida em alguns de seus eventos do final desta década:

- Seminário sobre educação ambiental do morro Santa Marta, intitulado *Ecoando*.
- A Interação com o asfalto, especialmente com jovens, por meio da Folia de Reis.
- A Parceria do ECO com movimentos civis como o Viva Rio e a Ação da Cidadania para a conquista e fundação do Centro Cultural de Botafogo.
- Colônia de férias ECO, sempre relizada no mês de janeiro, desde 1978.
- Vídeos TV Favela postados no *youtube*.
- Debates culturais – parceria ECO e Baukurs Cultural.
- Curso Cinema e Pensamento (cineclubismo), parceria ECO/PUC-Rio e favelas pacificadas da zona sul.
- Reuniões para implantação da Rádio Comunitária do Santa Marta.
- Atividades em parceria com Rede Terra do Futuro (Campanha Consumo Responsável: intercâmbio Centro de Defesa dos Direitos Humanos e Grupo ECO).
- Participação/lançamento do livro *Santa Marta e sua gente*.

O sugestivo chamamento em torno da expressão *ecoando* convidava para a realização do seminário que durou um sábado inteiro de dezembro de 1988. Foi organizado e realizado por jovens e adolescentes do grupo ECO e teve como acontecimento principal, ou referência, a apresentação de um vídeo produzido pelo grupo com a assessoria de amigos antigos do morro, que têm acesso profissional aos principais centros da tecnologia de comunicação, como as redes de TV e grupos que produzem cinema e vídeo.

Tais escolhas – dos temas do vídeo e do seminário – expressam o alcance temático avançado para o nível de reflexão do conjunto da sociedade hoje, quando o ambiente e a cidadania revelam-se preocupações radicais da maioria das pessoas que pregam a preservação da natureza, em sua face complementar e holística que é o habitat das diversidade e complexidade vivenciais e existenciais, especialmente as de quem cria sua significação e aponta os riscos de sua destruição.

As formas de pressão, tanto junto aos órgãos do Estado, quanto junto do mercado, para a preservação e urbanização desse tipo de hábitat são tarefas fundamentais da organização autônoma e livre da sociedade e, neste caso com mais veemência, dos moradores de favela que vivem a duplicidade e, ao mesmo tempo, a ambiguidade de querer preservar seu ambiente profundamente maltratado e ultrajado pelo conjunto da cidade, que joga na reclusão e no gueto grande parte de sua população.

No entanto, uma das maiores dificuldades, especialmente vivida pelo asfalto, é a de perceber a complexidade da lógica, aparentemente simples, da cidade cerzida, já que imbuído pelo conceito da cidade partida, que interessa apenas a uma minoria, sequiosa do controle do mercado.

A reflexão do grupo ECO continua atrelada ao mote da ação. E é evidente, e por que não dizer revoltante, o descaso, ou mesmo ausência, do poder público em seu atendimento diferenciado, negativamente, à favela, pela recorrência de prioridades, isto é, pela escolha do que está "pior" para ser atendido primeiro, o que remonta aos mesmos temas e pontos tratados e "batalhados" há vinte anos, a água, o recolhimento e tratamento do lixo, a "laite", o esgoto e o desmatamento – sendo talvez esse último o resultado de uma consciência social em relação ao meio, que interfere na qualidade de vida da população.

Outra observação refere-se à confirmação do grupo ECO como guardião da perspectiva coletiva e democrática de organização da "comunidade do morro", na suplementação do papel associativista, que dirigiu diretamente durante a década de 1980, mantendo ainda hoje, por meio da diversidade e de seu modo de atuação, o mesmo propósito presente em suas ações gerais, procurando combinar projeto político e método de ação, qual seja, o de implementar a mudança pela via democrática e, concomitantemente, respeitar a autonomia do espaço e do papel da Associação de Moradores, ainda que discordando das teorias e dos métodos de seus dirigentes atuais.

Seu programa de ação evidencia isto:

a. retomar o projeto de urbanização do morro;
b. desenvolver as ações de melhoria de forma descentralizada, de acordo com as necessidades locais;
c. comprometer os diversos grupos que atuam no morro com as ações de melhoria do espaço urbano do Santa Marta; e
d. fortalecer o grupo de adolescentes do ECO, incentivando as ações voltadas para o ambiente da favela.

Pode-se retomar, a partir das bandeiras aqui levantadas, categorias que foram trabalhadas no decorrer deste estudo, pela preocupação central de decupar o máximo do significado do morro como parte da cidade, prejudicada pela concentração dos sintomas do gueto e da marginalidade, da exclusão e da reclusão. Tais sintomas são agravados ainda pela disputa ideológica de controle e de busca de hegemonia, transformando-se na *causa* da violência e do crime e provocando, portanto, o medo, o silêncio e a morte.

Estão presentes também aqui as categorias relacionadas com o agente externo, com o morro/favela, com a "comunidade carente", com a descentralização e com a adolescência e juventude, todas praticamente retomadas num mesmo bloco.

Além disso, a cultura e a religiosidade continuam sendo o meio de comunicação privilegiado na relação interna e, também, com as outras favelas e com o asfalto. As comemorações, quando da passagem de 1996 para 1997, foram retomadas em grande estilo pelo morro, e a Folia de Reis de seus moradores consequentemente atraiu muitos "devotos" do asfalto – aos quais este autor se vincula há 14 anos –, com a modificação de sua encenação que invertem, visitando em vez de serem visitados.

É curioso também o interesse despertado em jovens da zona sul, que passaram a procurar um conhecimento mais específico sobre aquele grupo religioso, tão comum e ao mesmo tempo tão respeitado pela população local e completamente esquecido ou marginalizado pela mídia que molda a opinião pública. Outra razão do interesse de jovens do asfalto, naquele momento não atraídos pela compra de drogas ou pelos bailes *funk*, é a curiosidade de subir a favela para descobrir seus mistérios envoltos em sua simplicidade, e participar, naquele 6 de janeiro, de uma certa reprodução do "presépio", num lugar escolhido para reproduzir a história sagrada, segundo a tradição popular cristã.

Por outro lado, a parceria então estabelecida, ainda que momentaneamente, com o Viva Rio e com a Ação da Cidadania, para a conquista e o estabelecimento do Centro Cultural de Botafogo, foi, repete-se, indicadora de traços característicos da história do grupo ECO.

São de se ressaltar, de um lado, suas representatividade e sensibilidade para a questão cultural como expressão mais ampla da população e, ao mesmo tempo, sua ação política eficaz na formulação das possibilidades de aglutinação e mobilização dos mais diferentes setores da comunidade e, por outro, a compreensão de que a cultura cria mais facilmente sua interação com o asfalto, seja por sua aparente neutralidade, que pode proporcionar meios de acesso menos arriscados, seja pela curiosidade atiçada por meio da via folclórica, ou ainda pelo estatuto de consolidação sociocultural da sabedoria do morro, no samba, na dança, na poesia, na arte etc.

Pode-se falar, também nesse caso, de acordo com uma entrevista dada pelo dr. Hélio Luz, da possibilidade da contrapartida que o grupo vislumbrava, tanto tática quanto estrategicamente: que as trocas com o asfalto seriam mais duradouras, possibilitando, inclusive, a superação da dicotomia superior/inferior, recorrente nas diferentes expressões dos modelos oficiais e até na aplicação das leis e das normas. Isso significa também consolidar junto à opinião pública e, mais especialmente, junto às ONGs, aos espaços públicos dos governos e aos meios de comunicação a legitimidade comunitária e política do ECO.

Saliente-se ainda que, das formas de consolidação e de organização do movimento popular e social das últimas décadas, essa parceria ou aliança é a que melhor resgata uma sintonia com o que há hoje de mais legítimo no campo da segurança e da solidariedade, por meio de instrumentos reveladores da participação e do controle por parte de setores da sociedade civil. Enquanto de um lado isso indica o refluxo de uma determinada forma de se organizar da sociedade, fomentando movimentos populares inspirados nos métodos e nas teorias socialistas e democráticas da "esquerda", por outro, esse tipo de iniciativa permite verificar o crescimento do campo ou do limite da pobreza, que agudiza os riscos da sociedade estabelecida em sua relação com a marginalidade. A periferia, a favela e o gueto crescentes possibilitam também movimentos populares e sociais como esses que se expressam com métodos e bandeiras que incluem a maior parte possível da sociedade e que, de modo aparentemente contraditório, devem ter como meta a máxima urgência em seu próprio desaparecimento, na medida em que a fome e a violência sejam superadas, a partir do crescimento da consciência cidadã, já que fome e violência são questões políticas, como afirmou, em praça pública, um dos integrantes do ECO: "Fome é vontade de comer e não morrer de inanição. Fome é apetite e não prisão. Alimento do corpo e da alma é liberdade, é paz para a cidade."

Terceiro Capítulo

Juventude, cultura e riscos

Quando o presente se apresenta na ilusão do futuro

Como as juventudes reagem à obscuridade do futuro

Diante do impacto que a metrópole atual apresenta para o conjunto da população e especialmente para as juventudes, o critério das desigualdades e dos acessos classificatórios aos bens e aos direitos, públicos e privados, apresenta-se numa situação extremamente excludente.

Por isso, o estudante de classes média e alta, na escola pública ou particular, e ainda na universidade, garante o acesso ao mercado de trabalho ou aos espaços de lazer etc., de forma diferenciada da grande maioria que é a juventude pobre. Está-se diante da diversidade e da pluralidade, mesmo entre aqueles que estão mais próximos, tanto do ponto de vista do território quanto da classe social. Por isso é bastante comum que gangues ou grupos do asfalto ou da favela "guerreiem" para fazer prevalecer suas posições e seus espaços.

Assim, a juventude da favela certamente expõe o risco camuflado da democracia racial, urbana, social e cultural.

As crianças, a adolescência e a juventude, nas quais o grupo ECO investe prioritariamente, constituem os elementos mais evidentes da relação, sobretudo pelos permeios e proximidades que permitem, ao menos, uma cumplicidade maior com o asfalto e vice-versa: as escolas, as praias, os centros de diversão, como os já citados bailes *funk*, ocasionam uma interação que tem alarmado principalmente as mães de classe média que, nas manifestações de defesa da segurança dos filhos evidenciam preconceitos que, geralmente, não são explicitados.

Mesmo dada a grande expressão hoje dos bailes *funk*, outras formas e ritmos, no entanto, como pagode, samba, chorinho, vão se popularizando cada vez mais. Veja-se, por exemplo, a influência de sambistas como Zeca Pagodinho também sobre a juventude de classe média.

É preciso trabalhar aqui uma questão aparentemente mais genérica, mas que se justifica plenamente, quando é a juventude que está no centro do cenário.

A maneira diferenciada com que moradores de favelas se tratam, dependendo do lugar em que se situam na cidade, e também a forma como se relacionam com adolescentes e jovens do espaço asfáltico, adquirem diversos contornos e expressões no contexto geral da vida urbana.

Trata-se de precisar o conceito de "favela" – o que deveria ter sido feito no início deste trabalho, embora também haja razões específicas para somente fazê-lo aqui – que, como já se disse, dependendo do contexto geopolítico, cultural e econômico situado, estabelece relações com a produção simbólica, virtual e real, segundo as diferenças e contradições explícitas ou camufladas que as estruturas da cidade estabelecem sobre seu conjunto.

Há diferenças acentuadas entre os "morros", especialmente entre aqueles situados na zona sul do Rio de Janeiro e os situados em espaços também nobres como Maracanã, Tijuca e Vila Isabel etc., falando-se com mais naturalidade do morro da Mangueira, do morro do Andaraí, ou se usando os nomes de locais que podem subentender favela, sobretudo pela preferência dos moradores em chamar "morro" as localidades como o

Borel, o Santa Marta, a Rocinha, o Vidigal, o Pavão etc. por oposição às "favelas", situadas na zona oeste, na Baixada, na Barra, por exemplo.

Conhecer um pouco mais das diferenças entre favela e morro certamente proporcionará uma melhor visão, não só do conjunto da cidade, mas também das contradições ou das interações aí presentes.

A favela, que tem uma estrutura semelhante à do morro, é, da mesma forma um lugar estratégico, porém, com outras características: tanto como entreposto comercial de drogas, onde fica apenas a parte do varejo, quanto como espaço de reclusão, próprio para a passagem dessas mercadorias, ou ainda como ponto estratégico pela proximidade a lugares propícios à entrada de contrabando, como a Maré e o Complexo do Alemão, por exemplo, e mesmo o Aeroporto Internacional do Galeão.

De outro lado, deve ser salientada a permanência da estrutura de comunidade, inclusive pelo traficante que, apesar de pertencer à milícia armada, tem nome, família e estabelece compromissos de proteção ou não com os moradores do local. Sobressaem também os elementos de criação coletiva e pública do espaço, onde o gueto e suas relações são estabelecidos por criminosos, em geral com a conivência, às vezes até cumplicidade e, mesmo, com o apoio material da comunidade. Ressalta também aí a rapidez das mensagens de comunicação, feita de símbolos, de imagens elaboradas na – e a partir da – cultura de resistência. E com o acesso à rede informatizada, já em andamento, estabelece-se o controle ultraveloz do espaço público e comum.

Mas se ainda não ficou bem clara a diferenciação, positiva-se: a estratégica localização do morro é essencialmente caracterizada não só pelo número de saídas que possui e pela malha intricada de becos e vielas que propicia a circulação dos moradores, mas também, e ao mesmo tempo, por uma visão panorâmica privilegiada que seus moradores têm, já que podem ver de cima e a tempo qualquer situação que se avizinhe, vinda do asfalto. O morro, de alguma forma, justifica literalmente a metáfora criada pela mídia ao classificar como guerra as lutas internas, geralmente pelo controle da "boca de fumo" ou pela manutenção do tráfico de drogas na localidade. No entanto, é a linguagem classificatória sobre guerrilhas urbanas e rurais, ligadas a métodos revolucionários, que reconhece a situação de luta constante do morro, seja em suas relações internas, seja em sua relação com o asfalto, como uma "guerra popular prolongada", a partir de referências completamente distintas. E, neste caso, uma delas é que a polícia, sempre envolvida/imiscuída na guerra pelo controle da droga, apesar de ter como papel, ao menos institucionalmente, o de defender a sociedade (leia-se asfalto), está em desvantagem, já que sua entrada no morro é cantada em verso e prosa. Paradoxalmente, morar no morro dá vantagem nessa guerra. O Estado e o asfalto efetivamente têm maior controle do poder, mas as formas autoritárias desse controle demonstram também sua fragilidade.

Há ainda pelo menos dois aspectos que podem ser salientados nesse ponto referencial da especificidade do morro sobre a favela. Um deles diz respeito à luta econômica permanentemente estabelecida com o asfalto. Os morros são o lugar preferido pela burguesia (ou por ricos) para morar e construir suas mansões e, ao mesmo tempo, para fugir da grande aglomeração da metrópole. Nesses casos, os morros da zona sul têm grande procura e, assim, o fantasma da remoção os ronda constantemente. O outro aspecto diz respeito à preferência dos próprios moradores de favelas ou os candidatos a tal pelos morros da zona sul, tanto pela maior facilidade de acesso ao trabalho para alguns, quanto, para a grande maioria, pela proximidade das praias, das unidades de consumo abertas 24 horas e dos espaços de diversão e de realização de eventos culturais em geral. É possível, assim, detectar diferenciações entre jovens ou moradores de morros da zona sul em relação aos de outras favelas mais distantes ou mesmo da Baixada. É mais comum também se encontrar grupos ou até gangues de jovens do morro e do asfalto, que se organizam a partir da localização específica de suas moradias e da identidade cultural, ainda que apenas em ocasiões especiais de autodefesa. E essa atitude é que criou as tradições de rivalidade, como a da turma da Siqueira Campos contra a da Júlio de Castilhos ou da Ladeira do Leme.

O motor dos desejos aciona suas turbinas. De um lado, sua ordenação no funcionamento da grande máquina econômica. De outro, sua captura, desenvolvida fundamentalmente pela mídia, que adquire um certo estatuto de verdade. Pode-se dizer que a favela resiste, ainda que relativamente, a esses novos senhores, ao manter em seu espaço social o aperfeiçoamento comunitário. Enquanto isso, o asfalto, além de aperfeiçoar sua verticalização, tranca-se mais ainda, mesmo que em condomínios, e resume-se muitas vezes à vida familiar, acuada no apartamento e comandada pela televisão e pelos computadores.

Os elementos até aqui levantados para caracterizar as favelas quanto a suas diferenças – entre as favelas de morro e as de baixada – e suas relações, diferenciadas ou não, com o asfalto, podem ajudar a compreender as dificuldades encontradas nas poucas tentativas de urbanizá-las, que levaram imediatamente a uma quebra de estratégias de sua estrutura econômica e cultural, chegando a bloquear inclusive as relações de poder com suas subliminares soluções.

A cidade aparentemente se iguala, sobretudo no que se refere aos deveres (nos impostos, na obediência às leis etc.), mas a diferenciação permanece brutal no que diz respeito aos direitos, quando o aperfeiçoamento da coisa pública e a distribuição de renda permanecem intocáveis.

Nesse sentido, vários projetos de urbanização de favelas, como o Favela-Bairro, os mutirões, o Singapura e outros, precisam ser analisados não apenas como obras que buscam resolver os inúmeros problemas urbanos, cujo imaginário atribui à favela o caos da violência e da segurança. Não se trata aqui, evidentemente, dos tratamentos reducionistas das disputas eleitorais e, tampouco, dos posicionamentos simplistas do sou contra ou a favor. Ao contrário, o que está em jogo é como pensar a cidade em seu conjunto, a partir de critérios de cidadania, democráticos e igualitários.

É nesse contexto que crescem as crianças, os adolescentes e a juventude, atuando e atualizando a cidade, em sua complexidade de relações que resultam na cultura, na economia e na política, os setores mais importantes da estrutura de uma sociedade.

Voltando ao conflito direto e imediato dos moradores do morro Santa Marta, há uma constatação que traz dimensões e consequências históricas para o presente e para o futuro de sua população. Trata-se do investimento especial nas crianças, desenvolvido pelo grupo ECO, que divide e disputa o território, palmo a palmo, com o "movimento" da droga – autodefinição apropriada pelo tráfico, na tentativa de maior aproximação com a comunidade – e com a ordenação dos desejos de consumo. As tendências e vertentes citadas estão presentes no cotidiano do morro.

O que foi aqui chamado de captura de desejos, desenvolvido preferencialmente pela mídia, no asfalto, bem como na favela, faz, de um lado, aproximar ainda mais as expectativas de consumismo, de formação profissionalizante e de acesso ao mercado e, de outro, frustra os jovens da favela rapidamente, que logo percebem a desigualdade de oportunidades, como atestam alguns depoimentos extraídos do vídeo *Duas semanas no morro*: "... eles pensam que as pessoas da favela não são humanas...", "O que eles querem que a gente seja, a gente não quer...", "Morar na zona sul leva a gente a querer imitar os bacanas e algumas vezes não é possível. Há problemas quando se pensa que é igual e não é..."

Isso leva especialmente a juventude a uma frustração geral na expectativa de vida. Algumas profissões, mais particularmente aquelas assumidas pela população que sobrevive da chamada economia marginal, embora sejam profissões completamente inseridas, necessárias para o funcionamento normal da cidade e da sociedade e, portanto, do mercado, acabam sendo desvalorizadas e tidas como menores para os padrões ditos sociais e profissionais do asfalto. Certamente não estão entre as profissões chamadas de nobres, a dos garis, das lavadeiras, das empregadas domésticas, dos trocadores e motoristas do transporte público, e outros. No entanto, seria possível imaginar o cotidiano da vida familiar, profissional e do conjunto da cidade sem tais profissionais?

Algumas tendências do que tem ocorrido com a juventude brasileira, nas últimas décadas, podem ser avaliadas e identificadas sob a clivagem econômica, cultural e política, não só a partir dos dados oficiais do mercado, do Estado e da produção cultural, mas também a partir da emergência e das ambiguidades do chamado "poder paralelo", que questiona sobretudo as formas institucionais e seus limites.

A partir desse grande caldeirão candente, a maior parte da juventude submerge e emerge das chamadas "relações perigosas" que, por sua aproximação com "classes perigosas", explicita a tensão dialética que o campo da marginalidade cria em função dos riscos inerentes à não possibilidade de seu controle, que ameaçam os campos da invenção e da produção e desalojam, assim, com galhardia, a mesmice ou as cortinas de fumaça do cinema, do teatro, da televisão, do consumo e dos esquemas combalidos das tradições educacionais e políticas impostas. A grande ameaça que se delineia, na atualidade, é a escassez de alternativas, que pode levar a frustrações e, consequentemente, a desdobramentos imprevisíveis. Isso parece se agravar quando a juventude não ocupa, como tem ocorrido especialmente nas duas últimas décadas, o cenário central das atitudes ditas politicamente corretas.

Hoje, o espaço cultural parece ser, de novo, o lugar priorizado por jovens, não tanto para explicitar seus projetos políticos, mas principalmente para fazer emergir a vida e suas exigências plurais. Pode-se dizer que, como vaticinava Hélio Oiticica, ao identificar o morro como o "berço do samba", os de lá de cima continuam a dançar como ninguém, e atraem os do asfalto também para outros ritmos.

Os grandes ruídos da Lei do Silêncio, que reinam especialmente nas favelas, mas, em última instância, também nos outros espaços jovens, são especialmente denunciadores da infindável hipocrisia que explica as sonegações do passado e do presente. Resultantes de desigualdades e de deslocamentos, já se pode anunciar, contraditoriamente, a ilusão do futuro.

Dessa forma, a Lei do Silêncio – precondição estabelecida para o funcionamento das relações de defesa e autodefesa em território perigoso – simboliza e realiza a profunda repressão retesada em represas imensas e bolsões de miséria e de moralismos, extremamente necessários para o funcionamento das relações oficiais e institucionais e, também, das paralelas.

Há uma preocupação constante, manifestada por moradores e pesquisadores, com a questão da ludicidade, do lazer para todos, mas especialmente para a adolescência e para a juventude. Toda a energia que pode ser canalizada para o estudo, para a criação, para o movimento do corpo – danças, esportes etc.–, pode ser aplicada em atividades ligadas ao crime, ao tráfico, que vão encurtar, com certeza, a possibilidade dessa mesma juventude viver. Algumas pesquisas em andamento (USP – ECO), inclusive, dão conta de que há o fenômeno crescente do número de jovens, cada vez mais atingindo a idade adolescente, que são vítimas de guerra de tráfico, de vingança entre grupos etc. O asfalto se organiza em clubes, em salões, em palcos, no fluir de classe da produção cultural. Das alternativas, as que mais se misturam, por traços revolucionários e superadores de classe da própria cultura, são o futebol e o carnaval, apesar das interferências dominadoras, ditas profissionais. No campo da música, do teatro, do cinema etc. o acesso é conquistado pelo que pode se chamar de fura-filas.

Talvez nos últimos anos, com todos os problemas que enfrentam, camuflados na segurança, os bailes *funk* são a opção de lazer e de aglutinação de grupos diversificados, onde sobressaem os quesitos: cor, desemprego e classe social, por causa do espaço social de seu lugar de realização, em geral as favelas e as periferias. No entanto, o papel revolucionário da cultura traz de novo, para o cenário, as superações sistêmicas, permitindo o encontro das diferentes juventudes da favela e do asfalto. Apesar dos editoriais e artigos assinados nos grandes meios de comunicação conclamando o *apartheid* – em especial nos anos de 1995 e 1996, quando propalou-se as opiniões de pais e mães assustados pela relação de seus filhos com os bailes *funk* –, aproximadamente seiscentos mil jovens, a cada final de semana, frequentam e produzem os bailes *funk* na cidade do Rio de Janeiro. Trata-se de uma discussão bem mais complexa, sobre as formas de enfrentamento da sociedade ao tráfico de drogas, à criminalidade e às diferentes máquinas destruidoras, presentes hoje em nosso cotidiano. É insuficiente e equivocado tratar pontualmente a questão, ordenando esse ou aquele evento ou acontecimento, como se na destruição estivesse a solução de algo que é estrutural, e, aí, é que se presencia as diferenças entre morro e Baixada, caracterizadoras da juventude das favelas.

A favela – o morro – e a segurança do asfalto

"... aqui, só normalidade (...) na medida em que o transeunte cai na suspeição, vai ser investigado normalmente, ou averiguado (...) discriminação, não tem nenhuma..." Essa é a fala de um sargento da polícia que estava com os soldados escalados para guarda ou ronda no morro num dos dias que coincidiram com as filmagens de *Duas semanas no morro*.

Há uma questão de fundo para se iniciar a compreensão ou para continuar a compreender a conflituosa relação que expõe a ferida da desigualdade social e estabelece no gueto ou na periferia a necessidade de coerção e da repressão para se garantir a ordem, como mencionou o dr. Hélio Luz.

Algumas perguntas iniciais podem dar ideia da complexidade de tal discussão. É possível compreender a relação da segurança com a sociedade sem relacioná-la com a concepção de submissão, de hierarquia, de superioridade ou de inferioridade?

Há que se perguntar, portanto, qual a concepção de Estado? De cidadania? De democracia? Que ordem e para quem?

A partir daí, pode ser possível discutir a natureza da crise que envolve o crime e a segurança numa ponta, como sujeito e objeto da punição – como polícia e como lugar da repressão, que fica entre a lei e a ordem – e, na outra ponta, como extensão da prisão urbana moderna, a favela, na medida em que se caracteriza como o espaço social da reclusão, com disciplina, controle e vigilância especiais.

O sistema de controle social, da "cidadania regulada" à relação de cidadania-obediência, de ordem e desordem, de direitos individuais e sociais, discute a cada momento a relação Estado/sociedade. Rediscute também os espaços públicos/privados e os possíveis impasses da burocratização do sistema legal, no reconhecimento de ações legítimas, bem como as ações geradoras de caos e de desordem que a desigualdade social cria e possibilita.

E com a justificativa de coibir os abusos, a cidadania regulada e a restauração do equilíbrio e da ordem foram e continuam sendo a permissão para as autoridades transgredirem a lei, para evitarem um mal maior. Essa herança, de recente lembrança, faz-nos recordar o modelo autoritário de Estado, de um lado e, de outro, a reafirmação da discriminação da população pobre e negra.

Diante desses, pode-se falar em desvios de rota; quando não se quer confundir sintoma com causa, Estado, mercado e segurança precisam ser conhecidos em suas raízes e consequentes relações que resultam nos sistemas, nos modelos e nas estruturas que orientam o poder, que, por sua vez, impõem ações pragmáticas do cotidiano.

Assim, para consolidar a lógica instrumental do mercado, o Estado torna-se institucionalmente responsável pela consolidação das desigualdades. Nesse contexto, pode-se falar em segurança pública somente numa experiência democrática.

A cultura política e social brasileira, associada à formação de seu Estado, traz na costura de seu perfil histórico, pode-se dizer, a consonância com um determinado aspecto policial, quando vê na sociedade apenas um instrumento de legitimação de suas práticas profissionais e restritivas. Além da cultura política implicitamente elitista e da especialização das atividades policiais, no que diz respeito à construção do delinquente, subsiste em sua prática um alto nível de discricionariedade, que somente pode ser entendido quando se introduz o quadro mais amplo da constituição do Estado patrimonial.

A exposição da ferida da cidade, da metrópole contemporânea, está localizada no morro e na favela. E, sendo assim, a segurança passa a ser considerada gênero de primeira necessidade, para que se consolide e se implante a lei do asfalto. A discussão sobre a justiça situa-se em outro patamar, como afirmou em 1986 o então chefe de Polícia Civil do Rio, delegado Hélio Luz.

Há alguns anos, a realidade das favelas, dos morros e das periferias apresentava-os apenas como lugares pacatos, identificados com a solidariedade comunitária, com a zona rural e com conflitos comuns, próprios dos desafios da convivência.

Talvez seja necessária, aqui, uma pequena incursão na detalhada e contraditória transversalidade teórica e institucional das diferentes relações de poder no "morro/favela". Se, como diz o dr. Hélio Luz, a polícia é criada para proteger as classes dominantes do risco e do perigo que a favela provoca, e se a massa de marginalizados que aí habita, segundo os cânones mais tradicionais dos catecismos revolucionários, não está entre a vanguarda do poder de mudança, e se, ainda, a modernidade das grandes metrópoles conta com o aumento vertiginoso da população das grandes cidades, as contradições e as perversidades são facilmente deslocadas para onde a cidadania está mais distante, no caso a favela.

No entanto, se da fervura desse caldeirão podem emergir a felicidade, a resistência e, também, o conformismo, o desespero e a apatia, surge o "trabalho como dimensão essencial da potência humana, que desenvolve processos sociais, fabricando subjetividades coletivas, tudo que é comumente chamado de produção da cultura" – como disse Tôni Negri, em entrevista ao "Caderno Ideias" do *Jornal do Brasil*, em 20 de fevereiro de

1993. Pode-se dizer que isso está relacionado com Karl Marx, que pensa o trabalho e sua importância na produção do valor e do desenvolvimento das forças produtivas.

Ao trazer à tona a cultura e a produção de subjetividades coletivas, pode-se compreender hoje, entre outras vociferações, editoriais e produções sistemáticas da mídia contra determinadas formas de lazer, especialmente os bailes *funk*, criados pela juventude do morro, a ameaça que o poder instituído sente dessa simbiose, porque esses bailes atraem para aquele espaço social excludente a contraparte de sua juventude marginalizada, a juventude asfáltica, ainda não totalmente seduzida pelos feixes ideológicos do *apartheid*.

A cultura no coração do poder

Quando o pensamento se move desejoso, atraindo e sendo atraído para um fato, pode-se construir um acontecimento.

Nesse sentido, torna-se possível afirmar que, no espaço social da favela, seja por sua proximidade com os limites impostos e a explicitação de suas contradições, seja pelos recortes bruscos que se estabelecem entre a ordem e a desordem, os fatos ocorridos no morro logo ganham dimensão de acontecimento noticiável e gerador de controvérsias.

Entre as notícias de destaque da imprensa escrita e falada, com especial peso na televisão, circulam, em geral, em dimensões nacional e internacional, "fatos-acontecimentos" ligados ao tráfico de drogas e suas consequências violentas. No entanto, a favela, em geral, e o Santa Marta em particular, povoam também o cotidiano da cidade com arte, com religiosidade, com a força da credulidade na existência e no trabalho, o que já deveria ter apagado o ECO "das vozes do meio-fio" – pela expressão usada na pesquisa "Se essa rua", do ISER (Instituto Superior de Estudos da Religião).

Nesse contexto, aguçado pela sensibilidade acrescida do panorama inspirador da cidade cenográfica real que é, o morro Santa Marta foi escolhido no início do ano de 1996 como o palco da realização de parte do clipe *Eles não se importam conosco*, de Michael Jackson.

A fervura do caldeirão, que expõe misturas aparentemente incompatíveis, entrou em ebulição. Da miséria subumana à mais fina linha de ponta dos avanços da comunicação e da tecnologia do capitalismo mundial e de sua meta, entremeados por contrastes oficiais e paralelos do governo e da segurança.

A princípio o asfalto ficou estupefato ao ser informado das negociações do inteligente e não menos ágil Spike Lee com os traficantes locais para a vinda do ídolo – e a resposta: "Tá limpeza." A seguir, o temor e o terror acuaram a classe política no ringue da repressão, do moralismo e da tutoria, ameaçada que se sentiu pelos literalmente franzinos, porém poderosos, visitantes.

É preciso então reconhecer e salientar a habilidade do encontro social e político de grandes expressões mundiais, cuja aparência estava cunhada negativamente, estando, de um lado, a carga moralista de "sedutor de menores" que um dos *megastar* carregava, e, de outro, a discriminação da favela, como lugar da violência. No entanto, os diversos atores em cena souberam dar cor e vida ao encontro, que superou os limites de seu espaço.

Já o grupo Olodum, que fez também parte da festa, não causou tanto espanto. Mesmo representando uma síntese não menos dramática do negro e do pobre que estão no Santa Marta, sua identificação e assimilação cultural já está politicamente mais consolidada de forma contundente no batuque, no teatro e na mortalha.

Como se pode ver, esse foi um acontecimento que atraiu a diversidade e a pluralidade de elementos possibilitadores de encontros e desencontros, coerências e incongruências do macroenvolvimento do mercado mundial com o micro e a subjetividade de cada morador que soube ou procurou saber qual sua importância na construção daquele evento.

No entender de grupos diversos de moradores, houve também uma variedade de interpretações, de razões e de consequências sobre a vinda à favela do Michael – assim chamado na intimidade gerada pelo curto convívio com o morro.

Há desde aqueles que se entusiasmam com a possibilidade do milagre, pois jamais imaginavam poder ver um astro dessa magnitude, ainda mais vindo à sua comunidade – dizem que se morassem em outro lugar jamais o veriam de perto –, àqueles que, reduzidos apenas a sua leitura religiosa de mundo, se perguntam por que um artista pode fazer mais sucesso do que o Jesus Cristo dos cultos evangélicos.

Empório Jackson's

Coincidentemente encontrei dois Jacksons americanos em duas favelas diversas. Que motivações os aproximava desse tipo de espaço social marginal, do ponto de vista social, político e econômico, no Brasil e, por relação sistêmica, com o país deles, os Estados Unidos? Um, pela proximidade de sua relação profissional, achega-se para a gravação do clipe musical, munido de alta tecnologia, e o outro, por interesses também profissionais e políticos – militante da causa negra –, só se referia à Mangueira de Dona Zica, falando do "chapéu" da outra Mangueira, esta no bairro do Leme.

Independentemente das diferenças de papéis desenvolvidos pelos dois, no entanto, a favela foi o lugar comum de fortalecimento do discurso musical e político de ambos. O negro e especialmente a criança foram seus alvos. Há aí polêmicas estabelecidas a partir de campos diferentes, mas todos se legitimam a partir de lutas que estabelecem contra o racismo e o autoritarismo econômico e político – também à margem da dicotomia ideológica do chamado discurso politicamente correto.

Deles, o Michael cantor escancara mais a contradição econômica, porque se trata de um grande capitalista que elege a favela – e, dentre elas, uma das mais contraditórias – para produzir sua nova peça artístico-musical. Enquanto isso o outro, o Jesse militante, que tem como bandeira, em sua história política, a questão da cor/raça, vem revolver as cinzas da aparente democracia racial, que esconde na favela e na periferia a maioria negra e pobre, que fumega como brasas adormecidas.

E, para expressar esse conjunto de realidades, a cultura foi o ponto comum como o espaço propiciador de maior nitidez no reconhecimento do perfil das diversidades das dobras do poder. Aí a cidade pode deixar de ser partida para se cerzir na nova possibilidade da relação "favela/asfalto". Isso garante a divisão dos limites da cidade, no início da favela, fazendo assim prevalecer no imaginário social a representação da dimensão "perigosa" em detrimento da "amistosa", que do ponto de vista das leis do mercado desvaloriza a sua força de trabalho e dá à relação um caráter de superioridade ou de caridade do empregador.

Palavra e autoridade

O poder da palavra, o poder da imagem e o poder da autoridade são aqueles que atravessam a cidade, de forma geral, e a favela, em particular.

O poder da palavra ganha contornos específicos na favela, na medida em que seu domínio sofre deslocamentos do ponto de vista institucional, pois como afirma Pierre Clastres: "Falar é antes de tudo deter o poder de falar. Ou ainda, o exercício do poder, que assegura o domínio da palavra."

Observe-se também que algumas diferenças podem ser afirmadas a partir de suas manifestações imediatas: sobre a palavra, por exemplo, sua dimensão acadêmica e oficial é mais apropriada pelo asfalto, sobretudo porque aí estão os agentes de seu domínio, como detentores da escola e das instituições políticas que lhes asseguram o poder de falar para o conjunto da cidade. Ao prevalecerem os sistemas autoritários que legitimam essa metodologia e esse lugar de poder, sobretudo em função do domínio das regras da economia e do mercado, fortalece-se cada vez mais a lógica da cidade partida, uma vez que a exclusão e a reclusão são consequências diretas e imediatas do sistema de acumulação econômica.

No entanto, essa afirmação merece duas assertivas preliminares que, embora a confirmem, também podem relativizá-la. Primeiramente, saliente-se que as formas de produção e de dilapidação do saber têm na escola, em seus diversos níveis, seu lugar oficial. O poder, porém, não fica aí confinado, quando novas fontes brotam na diversidade da luta de sobrevivência e na liberdade da procura de caminhos que só se fazem ao caminhar. Em segundo lugar, todo espaço se cria a partir da legitimidade que esse recebe do meio que o povoa. E quando isso não acontece, abre-se um espaço ao paralelo.

E em todos eles a palavra está solta.

Em contrapartida, a autoridade da palavra no morro tem, inicialmente, um espaço mais definido a partir do discurso e da autoridade religiosa.

Verifica-se que a diversidade de cultos e de instituições religiosas prolifera no morro e, sem dúvida, é maior do que a existente em qualquer outro espaço do asfalto, que tenha, claro, as mesmas dimensões do morro. E as formas como convivem ali a diversidade, a diferença e a pluralidade são também distintas. Recorrendo apenas a um exemplo, o da Folia de Reis, evidencia-se isso, porque, embora o catolicismo seja sua origem tradicional, ela abre espaço para a convivência com o protestantismo e com os cultos afros com grande naturalidade, ainda que sem dominar a justificativa teórica dessa convivência, chamada nos colégios episcopais, nas assembleias pastorais e nos movimentos leigos "avançados", de *ecumenismo*. O mais provável é que a categoria que melhor expressa essa realidade é a do *sincretismo* religioso, que está mais voltado para a mistura das várias crenças, do que para a convivência pacífica e fraterna das especificidades doutrinárias. A palavra tem no campo religioso o estuário de expressão e de significação que aproxima o testemunho da prática, de tal modo que, como diz a Bíblia em Gênesis 1,1: "No início era o Verbo (...) e o Verbo se fez carne e habitou entre nós." E na cultura religiosa afro a palavra se traduz no movimento de todo o corpo que se explicita na relação mais direta e clara com a natureza.

Algumas razões podem ser apontadas para a incidência maior do campo religioso na favela. A primeira delas pode, contraditoriamente, ser o antídoto das situações de violência doméstica, localizada ou estrutural, existentes na favela, que lhe dão um ritmo cabalístico e terminal e que faz com que seus moradores convivam com o risco e com a morte de maneira mais direta. Pode-se dizer que, nesse sentido, a palavra de Deus e a esperança são as últimas, e muitas vezes as únicas, que restam.

Por outro lado, as autoridades religiosas, locais ou de fora, acabam cumprindo no âmbito da pobreza, com todas as ambiguidades que isso possa significar no campo do autoritarismo e da manipulação, papéis diversificados que atingem o campo da saúde física, psíquica e espiritual, individual e coletiva.

Assim, as rezadeiras, os ministros da palavra, os pastores de "almas", os padres, os pais e as mães de santo exercem papéis variados que extrapolam a dimensão do atendimento apenas espiritual que lhe é indicado.

Na outra ponta do cabo de aço do também chamado poder paralelo, *guardados* imediatamente por *matracas* poderosas, há também a presença religiosa protegendo seus soldados nessa luta de tamanho perigo. Essa forma tão variada da presença da vida religiosa e da busca da proteção espiritual no cotidiano da vida na favela é mais uma questão marcante, constatada, discutida e problematizada por seus moradores.

Tal versatilidade no uso da palavra certamente é um dos responsáveis pela diferença de tratamento que é dado aos setores sociais ligados ao tráfico, sobretudo os distribuidores, por sua origem de cor e classe social e sua convivência com a radicalidade da pobreza e da humanidade.

Palavra, poder e autoridade estão intimamente ligados, e pode-se dizer que se explicitam de modo mais claro e direto no espaço social da favela, por seu caráter de exclusão que expõe mais diretamente as mazelas e as feridas de sua origem contraditória, injusta e desumana, que precisa conviver de maneira harmônica, segundo o estatuto e a norma do asfalto e da sociedade que oficialmente detém o poder da palavra e da autoridade.

Palavra e imagem

É importante voltar ao comentário de duas produções concretas de cinema e de vídeo em sua relação com o morro: *Duas semanas no morro* e *Como nascem os anjos*. A ficção e a realidade parecem se misturar. A crueza da imagem é testemunha documental do visual da miséria, da desigualdade, da diferença. Embora ela possa compor um discurso, persistem as dimensões do real da imagem que escorregam pelos vãos dos dedos da mão, passam pela retina e, quando voltam para a tela, estão documentadas em sua proximidade com o real. A leitura a partir da diferença pode permitir descobertas fantásticas da realidade, como a que faz da favela parte da cidade na sociedade estruturada para ter guetos.

Assim, a cultura se transforma cada vez mais na referência política capaz de explicar e de compreender o gesto, a opção e a crítica. Exemplificando: no clipe filmado por Michael Jackson, o morro/favela, tomado como personagem da miséria e da desigualdade, convive com a alegria, com a festa e com a felicidade, e transforma seu espaço numa cidade cenográfica, tornando a ficção vida real. No entanto, a população, sujeitos, pessoas humanas e cidadãos, pode optar por se transformar em atores que denunciam a desgraça ou anunciam a felicidade. Na medida em que não são apenas figurantes ou objetos da câmera, os moradores da favela, apesar da realidade cruel, que representa e se apresenta simultaneamente, não numa cidade cenográfica, mas numa cidade real, são pessoas que transitam, em seu cotidiano, no beco que é sua rua e no barraco que é sua casa, como afirma o cineasta Murilo Sales, que se relacionou com o Santa Marta para produzir o filme, já referido, *Como nascem os anjos*, que inclusive foi sucesso de exibição comercial. Temas como a criança, a violência, a polícia, a televisão e o confronto entre o utópico, o virtual e o real dançam literalmente na tela, para retratar, com igual *crueza*, as maldades, os confrontos e as aproximações da relação "favela/asfalto".

Muito provavelmente, desafiado no campo da produção da imagem e certamente também traído pela desinformação, no que se refere à má qualidade da imagem nas encostas do morro, o cineasta teve despertada sua atenção, segundo declaração feita numa entrevista, para o crescimento assustador do número de parabólicas existentes ali.

Aqui é necessário um cuidado especial para não se reduzir essa comparação ao consenso do imaginário pequeno-burguês e de sua hierarquização dos valores culturais, por isso também econômicos e políticos, que se estupefaz com a possibilidade do maior número de aparelhos de televisão do que de geladeiras e ainda de pessoas que não se alimentam satisfatoriamente, mas para as quais a TV e a parabólica não faltam. Há até os que completam, acrescentando ao disparate de se possuir bicicletas, carros, de se ir ao estádio torcer por seu time, sem se ter feijão em casa para comer. Mas, não seriam esses os sujeitos e os atores diretos da relação de produção do mercado e da construção da cidadania?

No entanto, a lógica das respostas parece não ser menos linear. Como responde um morador à comparação do maior número de aparelhos de televisão do que de geladeiras. Com muita simplicidade e de maneira direta ele propõe: "Geladeira só tem valor quando há o que colocar dentro dela, enquanto que a televisão sempre tem serventia, basta ligá-la."

Portanto, desde a lógica do consumo, a propaganda ou o anúncio de qualquer produto – de alimentos a eletrodomésticos, passando por moradia, meios de locomoção e modismos estéticos para o corpo e para a casa – são feitos de forma quase irresistível e se destinam ao conjunto da população, independentemente da classe social ou do local de moradia a que pertence. Aliás, os utensílios anunciados, em geral, são produzidos por moradores das favelas e das periferias, diretamente ligados ao processo industrial de produção.

Outra pergunta que pode ocorrer é certamente a do por que do uso exagerado de antenas parabólicas. Seria uma tendência a um luxo quase supérfluo do favelado? Nas favelas planas da zona oeste ou da Baixada ocorre com a mesma frequência esse fenômeno?

Uma das conclusões da pesquisa sobre mudanças em favelas aponta para a grande dificuldade que as encostas e os morros oferecem para a sintonia da imagem nos aparelhos de televisão. Ao comentarem sobre isso, vários moradores disseram que "sua tela é um 'chuvisco' só, não dá para distinguir nada". E brincam: "Se você quer ver futebol, então você corre o risco de torcer para o adversário." Assim, quem quer ver televisão precisa se submeter ao custo da parabólica. E muitas vezes alguns vizinhos se cotizam para comprar, juntos, a antena que hoje se transformou, na favela, na cidade do interior ou na "roça", num eletrodoméstico de primeira necessidade.

Por outro lado, o acesso à televisão tem problematizado tanto a falta da escola quanto sua existência, uma vez que está em curso, nesse fenômeno, uma contradição da globalização, que aproxima os fatos e as lutas pela interpretação da produção de novelas, de noticiários, de filmes, de programas infantis etc., que podem se constituir num elemento pedagógico e educador ao trazerem para a tela a ambiguidade das cenas do cotidiano, apesar da tentativa de controle da construção do imaginário massificado e individualista imposta pelos proprietários dos meios de comunicação e pela elite em geral, porém, sem conseguirem, todavia, manipular a totalidade do controle.

Voltando à discussão da produção de cinema na favela, a primeira dificuldade está contida no próprio ato de filmar: primeiramente, é preciso superar a atitude muitas vezes pretensiosa de desrespeito àquela população, quase que normalmente vista apenas como o objeto da relação. Ela não pode ser tratada apenas como figurante. Outro grande risco que atinge a produção, espremida entre o tráfico e a polícia, corre por conta de cenas de tiroteio que podem se tornar excessivamente reais e, portanto, ameaçadoras.

Os exemplos de produções com imagens do Santa Marta problematizam a questão do filmar da e na favela. Onde estão os limites documentais e os da ficção? *Duas semanas no morro* procura trabalhar, como já se disse, com a história do cotidiano, que pode se especificar em questões como religiosidade, sexualidade, violência, racismo, tráfico etc. Para o conjunto da cidade e especialmente para o asfalto, o vídeo pode parecer ficção, como comumente assim parece aos alunos de universidade que o assistem, por não conhecerem tal realidade em seu cotidiano. A ficção *Como nascem os anjos*, ao escolher um modo pedagógico de apresentação da marginalidade e da violência, tão identificadas com o cotidiano da metrópole moderna, parece tangenciar a realidade e se aproximar da estrutura social que traz para o mesmo espaço a rudeza dos extremos da convivência da pobreza com a riqueza.

Ao mesmo tempo, outras produções buscam ali a profundeza da negritude, da poesia do samba, do resgate da autoestima por meio do *funk*, da arte e da alegria das festas religiosas, como tem procurado mostrar o cineasta Arthur Omar.

Entretanto, pode-se dizer que o marketing ou o modelo da imagem está congelado pela consonância com os apelos do asfalto, aferidos na concorrência dos grandes apresentadores de televisão que obedecem à impecabilidade dos números dos institutos de pesquisa, especialmente o IBOPE. As imagens buscadas, em geral, são aquelas que reproduzem e reforçam cenas da marginalidade, traduzidas no crime e na violência e em sua luta constante dos delinquentes contra a polícia. A contrapartida dessas cenas que povoam o cotidiano dos noticiários ou de programas sensacionalistas podia ser buscada, por exemplo, na presença maciça dos meios de comunicação no Santa Marta para cobrir acontecimentos como a vinda de Michael Jackson, ou a presença do grupo de dança Esculpir, que trouxe para o morro uma complementação plástica que seria novidade para qualquer programa de televisão. Mas as imagens buscadas não fugiram da estreiteza da presença do tráfico, da polícia, como se aí se encerrasse toda a vida da favela. A imagem do gueto fica reforçada nos modelos reproduzidos pelas imagens selecionadas, segundo os critérios da opinião pública que, como diz o cartunista Chico Caruso: "É a opinião que o meio de comunicação torna pública."

Assim, as dobras da diferença podem ser usadas camufladas pela ignorância, da mesma forma que tentam esconder também a desigualdade, já que a falta de informações não provoca comparações entre realidades desiguais.

Por isso o cuidado desse tratamento, no que se refere à imagem que está sendo (re)produzida, entre o limite do discurso e o possível cerceamento da autoridade. Desse modo, busca-se caracterizar todo o processo, desde a escolha inicial do método, do caminho e da natureza do olhar que fotografou a partir de retinas ou estimuladas ou já viciadas por olhares (re)produzidos ou, ao contrário, de retinas criadoras a partir da tensão e da diferença.

Diferença essa, aliás, que é o substrato da lógica atual. Por isso, a tradição filosófica precisa mudar de mão. A unidade buscada no mundo das ideias ser problematizada pela complexidade da diferença.

Mas a constatação da miséria, do descaso e do caos, depois dos limites da favela, é capaz de gerar dores no corpo de qualquer intelectual, ainda que vacinado contra – e por – todas as críticas dos modelos de Estado e de economia que fazem a oscilação dos discursos da liberdade que vão de Karl Marx a São Francisco de Assis, passando pelo dilema do trabalhador "livre" que está cada vez mais miserável. Sem contar o "Exército de Brancaleone" que também se desespera ante a falta de alternativas – e metade se destrói com as drogas, enquanto a outra metade opta pelas ONGs – e passa a percorrer um caminho caritativo crítico. E então, como pergunta Toni Negri: "Não há uma nova forma de ódio que permita ao livre e desesperado voo do novo proletário reconhecer o galho onde pode pousar?"

A diferença que traz "um pouco de ar" diante da quase total falta de alternativas pode ser visualizada ao longe, na capacidade de resistência que ainda arma o grande exército, não tanto industrial de reserva, mas de despossuídos, apartados, excluídos e reclusos. A descrição do que ocorre no Santa Marta é um alerta sobre o que acontece na cidade, já que um terço de sua população mora em favelas.

Enquanto essa legião de miseráveis, porém, não encontra "um galho onde pousar", agarra-se ao morro ou à favela, porque ali há segredos de vida que a mantém viva e respirando "para milhões de corações brasileiros", como canta Zé Kéti, confessando que "não sai do morro", "nem muda de opinião":

Se não tem água, eu furo um poço
Se não tem carne, eu compro um osso
E boto na sopa...
Se eu morrer amanhã seu doutor
Já estou pertinho do céu.

Podem me prender, podem me bater
Podem até deixar-me sem comer
Que eu não mudo de opinião
Daqui do morro eu não saio não.

E continua expondo as contradições que, mercê de suas ambiguidades, denunciam o discurso da igualdade, da justiça e da fraternidade, oficialmente postos, mas inexistentes como realidade.

Estou preocupado com o meu paradeiro.
Sou um marginal brasileiro.

A inversão torna-se uma categoria que carrega de normalidade a produção da cultura da desigualdade. Assim o marginal assume a conotação de perigo pelo risco que sua categoria representa para o "outro", isto é, à estrutura social que produz a própria marginalidade e se vê ameaçada por ela. E, nessa circunstância, o morador da favela passa da situação de vítima para a de agressor, tornando-se esse o ponto de partida da autoridade, especialmente da área de segurança, para exercer a função de – nas palavras do dr. Hélio Luz – "manter o excluído sob controle e tendo como instrumento para isto a lei, também estabelecida" pela sociedade para a qual a polícia trabalha com o objetivo de manter a ordem e a tranquilidade sociais.

A situação animosa já está estabelecida se existe o espaço permanente de exclusão e de limite, criando a marginalidade. O tratamento individual e subjetivo, e também valorativo, é um meio de sobrevivência da segurança e de seus agentes diante do marginal, do pobre, porque enfrentar a marginalidade e a pobreza, muitas vezes pertencendo a ambas, é extremamente contraditório, na medida em que coloca em xeque a própria profissão de policial. Por isso, a luta pela continuidade da segurança do asfalto passa a ter um aspecto positivo para os setores da sociedade em fase de dominação e de controle dos mecanismos oficiais do poder e do saber.

O processo de produção da marginalidade está diretamente vinculado à estrutura social, política e econômica, geradora da falta de oportunidades para que todos disponham de meios, materiais e físicos, de acesso à diversidade do mercado. Os mecanismos não controláveis diretamente pelas tradições oligárquicas do poder abrem espaços imprevisíveis, muitas vezes, para a "voz do morro", Zé Kéti:

Eu sou o samba.
Sou natural aqui do Rio de Janeiro.
Sou eu que levo alegria,
Para milhões de corações brasileiros.

Pode-se dizer que o samba é a voz do morro. Lá também foram buscar inspiração grandes nomes da música popular brasileira que ali não nasceram, como Noel Rosa, Tom Jobim, Chico Buarque etc. Mas seus "doutores" falam do morro, da favela, desde suas entranhas, para "milhões de corações brasileiros".

Por isso essa estrada da cultura, e mais especialmente da música e da poesia, é a que cria a comunicação privilegiada da relação favela/asfalto.

Quarto Capítulo

Como pensar a relação confronto/conflito/encontro

Um pouco de ar para viver

Um pouco de ar. Um sopro de vida na busca da justiça. Ou um pouquinho de ar para viver. Para que esse mundo dos mortos-vivos, encravado no mundo de vivos-mortos, não seja imagens invertidas do espelho da mesma tragédia... (adaptação da expressão de Gilles Deleuze sobre a alteração conflitante que corre com a alegria e a felicidade dos moradores da favela).

O risco, o trágico, a morte, o vício, a exclusão, gestam processos e possibilidades que não se esgotam em explicações lineares e sistêmicas, de tal maneira que apenas uma teoria, por mais abrangente que seja, não consegue explicar o fenômeno em seu conjunto.

Na medida em que os acontecimentos podem se transformar em capital simbólico, está-se diante de uma relação que, pelas diversidade, pluralidade e complexidade da produção da violência simbólica, ameaça inverter a busca de homogeneização da sociedade dominadora.

Trata-se, portanto, da gestão perigosa de práticas e de concepções ameaçadoras e, ao mesmo tempo, necessárias à sobrevivência sistêmica da dominação, especialmente em sua dimensão econômica. O capitalismo, como interventor da disciplina e do controle, pode-se dizer, contraditoriamente precisa da favela, como espaço de reclusão, onde a ilegalidade e o excesso de mão de obra podem legitimar a existência das leis, para construir o seu discurso protecionista e aparentemente distribuidor da renda ou do "bolo".

Assim, o vício no uso de drogas, em sua diversificada expressão, encontra uma parcela considerável de adeptos, hoje, no mercado mundial e, como bem de consumo e bem de serviço cria, na favela, um espaço para sua consolidação. Isso leva grande parte da população da cidade a viver sob ameaça constante. Se, de um lado, as possibilidades distantes do consumo a atraem, de outro, o crime, o desemprego, a ausência das instituições sociais e públicas conduzem a outras atitudes e práticas paralelas, que certamente estão previstas, seja para a produção do delinquente, na sociedade disciplinar, utilizada de alguma forma para desvalorizar certas práticas revolucionárias, como afirma Michel Foucault, seja para gerar um outro tipo de negativismo que crie demanda para o viciado, para o portador de droga e para os endividados, que moram na favela, mas são consumidores em potencial, como qualquer um.

Que contradições e que surpresas essa moderna produção de gueto e de reclusão pode trazer para o conjunto da cidade e da sociedade?

Se, de um lado, é necessária uma nova forma de relação com a morte, quando a expectativa de vida na favela torna-se cada vez mais baixa, sobretudo pela frequência assustadora de assassinatos de adolescentes e jovens que, agravando ainda mais a situação, são encarados como normais para a – e também pela – população favelada; do outro, um número cada vez maior de adolescentes e jovens, das favelas e periferias, exige cada vez mais que suas presenças façam parte da lógica formal e linear da cidade e da sociedade.

Desse modo, a resistência está permanentemente ameaçada pelo pavor de um futuro temível trazido pela miséria, se não há revolução possível, ou à vista, para um povo que precisa ser produtivo economicamente e submisso politicamente.

O ter futuro e a duração da vida ressurgem aliados às noções de risco e de rico. Por isso a vontade de poder torna-se imprescindível para suportar o risco de viver a exclusão, a alternativa sendo as igrejas das promessas que façam esperar pacientemente, renunciando ao potencial de violência ou de poder, e isso pode ser também violento.

Por enquanto, carrega-se o peso imenso da culpa, do pecado e dos princípios moralistas das relações dominadoras, dos modelos familiares e, especialmente, religiosos. A normalidade, com que certas medidas e ideias altamente repressoras atuam, denuncia lacunas históricas que, ao lado de princípios genéricos, sustentam-se em dominações repressivas do cotidiano que abrangem a sexualidade, as drogas e as contradições das aparentemente "inquestionáveis" estruturas da sociedade.

O jogo de substituição, que envolve potencialidades, dogmas e deslocamentos, constitui-se na ambiguidade que sustenta as relações hipócritas de poder, capazes de afirmar a tolerância da diferença e a negação da desigualdade, quando a intolerância daquela e a afirmação desta são sua sustentação.

A favela é, de alguma forma, utilizada pelos grupos dominantes, já que a lei pode ser uma forma de gerir práticas ilegais. Pode-se dizer, nesse caso, que o setor que assume com maior clareza o tratamento diferenciado e desigual é o da segurança policial, criado para ser o guardião das leis em favor das classes dominantes e para a manutenção da ordem e do controle social. A favela torna-se, assim, o gueto que ameaça a letra da lei e da ordem feita para a manutenção do *status* da sociedade.

Exemplificando: episódios de roubo ou furto em supermercado, ou ainda o fenômeno do "arrastão" das praias cariocas, são facilmente tratados como graves ameaças à sociedade, porque interferem na lógica linear da produção de atos que os pobres não podem praticar.

Já no lado dos ricos, é possível identificar, com facilidade, os atos de corrupção, de nepotismo ou de apropriações indébitas, praticados pelos autores das leis ou por seus patrocinadores, que só serão expostos e castigados se houver pressão por parte da população.

Fluir e deslizar entre a favela e o asfalto pressupõe enroscar-se e se esquivar concomitantemente das garras do paradoxo, vale dizer, descobrir identidades e diferenças tão territorializadas.

Por suspeitas e espreitas, embrenha-se num espaço consolidado culturalmente como lugar da segurança e da verdade. O desafio é o conviver com a multiplicidade da vida humana, com suas verdades processuais e eventuais, montadas no fio da memória do limite do amor, da solidariedade e da justiça, pontos de chegada sem partida, e, também, com a perplexidade, que, muitas vezes, leva a silenciar o que é real no cotidiano.

Para tanto, a verdade é substituída pelo artifício da opinião. Os moradores da favela veem isso com mais clareza, por causa da luta de sobrevivência, em que valores e símbolos, negados e afirmados, estabelecem padrões culturais para o imaginário coletivo que convive com os instigantes convites da cultura de massa que os aliena para outro espaço. Aí a vida se manifesta, porém, no rigor da crise e no vigor do paradoxo – de não perder a esperança de ainda chegar a algum lugar, ainda que de forma muito limitada.

Contrapondo-se na formação do sistema, do modelo do caos, articula-se a busca de sentido para tensões do cotidiano de uma cidade, cuja lógica urbana submete-se à "caosmose" do asfalto, do morro e da praia, encadeados na construção da mesma urbe, que se afirma e que se nega em seu sentido de existência. Sistemas econômicos e políticos encolhem e se dilatam a cada nova expressão que se territorializa, a cada nova vontade de poder, impelidos pela ameaça de qualquer fragilidade que possa ser detectada, porque isso se reveste de denúncia.

A possibilidade do estranhamento

A maneira de compreender o estranhamento da favela como cidade pressupõe não apenas sua descrição, que já está de alguma forma assimilada e normalizada. Para que as diferenças não se confundam com desigualdades, é necessário que o conjunto da cidade se associe na produção de acontecimentos que sejam capazes de expor as contradições, desde as mais distintas relações de poder, que vão das políticas públicas à utilização tecnológica do poder sobre o saber, até o reconhecimento dos saberes produzidos no campo marginal, mas ao mesmo tempo reapropriados pela sociedade de consumo. Enquanto se sistematiza o saber na escola ou na universidade, os saberes se rebelam pelas ruelas, por becos, pelas realidades virtuais e pelas imagens.

Por isso, é preciso, inicialmente, descrever alguns acontecimentos que nos permitam a aproximação do fenômeno plural, diverso e contraditório que é a favela, neste caso, o Santa Marta, que se encosta no morro Dona Marta, com seu mirante, aos pés do Redentor da cidade do Rio de Janeiro. A comunidade que ali mora se reconhece como de "Santa Marta", e aí reside uma confusão que está presente sobretudo nos meios de comunicação e em todos aqueles, em geral, que miram o morro. Para os que lá vivem, não há ambiguidade.

Este é um primeiro encontro entre o espaço geográfico e a produção cultural do imaginário popular que busca proteção na interpretação e na significação religiosa.

É possível também, a partir da tensão da relação aqui referida, inaugurar a diversidade do debate das muitas questões presentes. Um dos enfoques pode desembocar nas dissonâncias da chamada sociedade disciplinar, tão bem tratado por Michel Foucault, como o espaço asilar, confinado e recluso, passando pela "sociedade do controle" – segundo expressão de Gilles Deleuze –, como forma de convivência com o futuro que ameaça o *stablishment* moderno, até chegar à explicitação mais definida das relações institucionais de poder, no equilíbrio da chamada "cidadania regulada".

O fenômeno moderno, que aponta a contradição do estabelecimento de polos tão claros entre desenvolvimento e miséria, entre concentração de renda e pobreza, é também responsável por novas formas de relação, em que o controle – nas palavras do mesmo Deleuze – "não só terá que enfrentar dissipações das fronteiras, mas também a explosão dos guetos e favelas", que se tornam numerosas demais para possibilitar um confinamento eficaz.

Imagine-se um terço da população da cidade confinada, mas, ao mesmo tempo, com acesso aos cartões de crédito e às formas de consumo comuns para o conjunto da cidade e com poder econômico bastante para tal e, ainda, com a ilusão de pertencer ao mundo maravilhoso proclamado pelo marketing do mercado. Pode-se então dizer que tal modelo leva a identidades cifradas, em que a ilusão da liberdade mantém a população endividada.

Os choques culturais, especialmente aqueles chamados de doenças mentais, são camuflados ou diluídos nas sociedades disciplinares rígidas, na atuação exercida pela família, pela escola, pelas prisões e pelos hospitais. No entanto, a grande aldeia global, subjacente a toda convivência hoje, encontra formas de rompimentos das próprias paredes sem quebrar as reclusões. E como isso pode se dar? Da mesma forma como iniciamos a discussão no parágrafo anterior, a favela passa a se diluir e, aparentemente, a ganhar credibilidade nas leis do mercado, assumindo crediários e senhas de cartões eletrônicos de crédito popular e, mais ainda, como lugar e como indivíduos que exercem a relação ambígua do mercado do tráfico.

Estão em curso, sem dúvida, novos mecanismos de controle, sobretudo na tentativa de apresentar uma perspectiva social à deusa moderna do mercado, a tecnologia. Diante das crises dos meios disciplinares de confinamentos, novos regimes estão aparecendo nas prisões, nas escolas, nos hospitais e nas empresas. Esses novos desafios que, no geral, preocupam as sociedades ditas desenvolvidas, duplicam-se quando se trata de inseri-los nas sociedades também ditas marginais. Pontos polêmicos, hoje, são o cuidado e o culto com o corpo e a saúde. Esse valor, como outros, é quase que apropriado pela burguesia, passando, no entanto, a ser assumido cada vez mais pelo conjunto da sociedade, especialmente pelo espaço social dos trabalhadores e dos excluídos, conforme a fala de Fatinha, membro da família Silva, no vídeo *Duas semanas no morro:* "Malhar, correr na praia, se alimentar saudavelmente, também o favelado faz e gosta cada vez mais de fazer, como as pessoas do asfalto..."

Estão, portanto, em curso, novos regimes de dominação que se adaptam aos novos modelos de cidade e sociedade. Como adequar os novos modelos à falta de condições materiais que atinge grande parte da sociedade? A dificuldade imediata está no choque de padrões entre um espaço e outro, porque vem do asfalto, em geral, a ordenação legal e cultural, que é também política. Apenas como exemplo, duas contradições flagrantes podem ser salientadas: primeiramente, o culto à saúde choca-se com a constatação da baixíssima média da expectativa de vida que atinge hoje o morador da favela, particularmente daquela parcela ligada à circulação das drogas, feita por jovens e adolescentes. Em seguida, intimamente ligada à primeira, pode-se falar da dificuldade do lazer para crianças, jovens e adultos, pelo tratamento preconceituoso que a favela recebe, como se torna claro no problema já citado em relação aos bailes *funk*.

A convivência com os modernos meios de dominação da sociedade "internetizada" e globalizada se choca com a existência e a convivência com modelos aparentemente ultrapassados pelo marketing, pelas novidades urbanas da comunicação e da computação que se confrontam no gueto da favela com o resquício da cultura rural e comunitária de uma população que resiste para viver. E, no entanto, apesar e por causa disso, faz permanecer e conservar os rituais de conversa, de conhecimento e de solidariedade, que subvertem e se adaptam à perversidade da manutenção das relações da cidade que a envolve.

A intolerância para com a diferença

No confronto com as contradições que atravessam as diferenças, possivelmente a discussão e a maior compreensão da marginalidade proporcionam uma medição do espaço no tempo. Aí, o conhecimento, isto é, a representação que moradores fazem da relação e da reação do micro com o macro, é fruto de uma reflexão, ou melhor, de seu pensamento sistematizado, que, por superar o senso comum, classifica o espaço marginal como inferior e, por isso, procura isolá-lo das relações mais amplas, controlando-o, como se o pensamento organizado viesse necessariamente de fora, ou, então, "amarrados em suas pontas" – expressão que dá conta do encontro das ideias em seu formato redondo, que se permite ser visto por inteiro. Isso significa também dizer que a possível compreensão que um morador – da favela ou da cidade – tenha, isoladamente, de seu espaço, não é suficiente para sua compreensão.

Nesse momento, pode-se dizer que o pensamento ingressa no imediato da ação – inquietado – no processo crise-ação-crise. E, então, uma nova matriz paradigmática ou epistêmica para a compreensão de mundo pode estar em curso: a do tempo processual que convive com a ruptura. Dessa forma, a reprodução sistêmica da cultura dominante, eivada de preconceitos classificatórios, de acordo com critérios hierarquizadores, não se abre à reinvenção. Em especial, para os jovens da favela, não há espaço reconhecido para a realização das utopias e dos desejos.

Na construção do sujeito e em seu estranhamento da realidade, está a tensão, presente principalmente no limiar da cultura marginal.

O sistema da ordem situa-se no campo da abstração absoluta e é rompido pelo desejo da multiplicidade, recriado a todo momento pela tensão do "dentro" e do "fora" ou pela Lei do Silêncio, que clama por cidadania.

Vale a pena trazer aqui, para exemplificar as contradições presentes na construção da cidade, a relação entre os gestores da repressão e a população chamada "perigosa", sobretudo enquanto reconhecida em seu espaço de moradia mas, ao mesmo tempo, "amistosa" e de "confiança", quando no desempenho de suas funções profissionais, na vida doméstica, no trânsito e nas diferentes linhas de montagem, isto é, no desempenho da lógica instrumental. E, nesse sentido, no diluir do preconceito pela atuação que represente vantagens para a sociedade dominante, podem-se incluir também o baile *funk*, o carnaval e o esporte.

Pode-se dizer, então, que a partir dos elementos até aqui levantados, a favela (e entre seus moradores, especialmente a juventude) ameaça o bem-estar estabelecido para a cidade, quando entra em estado de confronto (aberto ou não) com as vontades de poder de domínio das forças institucionais, usurpadoras e agressivas, quando estabelecem os critérios legais para impor o castigo, que também, como comenta Nietzsche, "é uma declaração de guerra e medida de polícia contra o inimigo da paz, da lei e da ordem..."

Sendo esse espaço social aquele que evidencia a presença de policiais, de bandidos e da economia marginal como atores destacados, a intolerância com a diferença passa a ser exercida com bastante naturalidade pela chamada oficialidade. Em contrapartida, a "oficialidade paralela" justifica-se nesse espaço, com suas leis, ordens e domínios, que exercem proteção e ameaça sobre os moradores já acuados e, de certa forma, escorraçados dos bens e serviços públicos e também do capital e do mercado.

Vislumbrar o perfil desse mundo, cujas diferenças, muitas vezes, encobrem as desigualdades, exige distanciamentos e deslocamentos extremamente necessários para a aproximação do objeto e do campo em estudo. Nossa meta é comprovar que a tensão não é apenas conjuntural, mas um trabalho necróptico da modernidade, que faz parte da estrutura da atualidade metropolitana, mimetizada pela ética e pela moral modelares da dominação, em que os saberes podem se diluir no poder.

Ao se reproduzir na favela a estrutura que marginaliza e destrói a diferença, ao lado da solidariedade, das crenças, da multiplicidade da produção, das confissões e dos dízimos, a loucura e a criminalidade apresentam-se no centro do portão de separação, entrada e saída, para fazer da marginalidade a necessidade e o risco que expõem e fortalecem o gueto.

A sobrevivência da diferença se dá nos embates que a resistência resgata entre a comunicação e a cultura da sociedade de consumo e do mercado, nas manifestações de massa que atravessam o cotidiano da favela. Assim, a juventude, a cultura e o silêncio serão as categorias ressaltadas. O saber e os saberes produzidos na favela permitem relativizar a dicotomia que identifica, às vezes grosseiramente, o saber erudito como elitista e o saber popular como democrático. Esses poderes podem, conforme Marilena Chauí, confirmar e contradizer o conformismo da servidão voluntária e os efeitos da globalização, menos na economia e na política do que na comunicação. Há um exemplo atual, pelo menos, como a aproximação e o distanciamento de zapatistas e traficantes, quando usam a produção de ponta da tecnologia, uns, com a "internetizada", e, outros, com a bélica – utopias que apontam para a radicalidade, pode-se dizer, da paz e da guerra.

Uma palavra sobre o tráfico

Ainda que não seja proposta deste trabalho estudar a presença do narcotráfico no Santa Marta, há, no entanto, a necessidade de se apontar alguns traços, mesmo que genéricos, da lógica de sua atuação nas favelas do Rio, com incidências claras especificamente nesse morro da zona sul.

Buscaremos, portanto, neste caso, apenas elucidar ou precisar, com base na posição adotada pelo grupo ECO, como se caracteriza o tipo de relação específica, criada pelo morro, para enfrentar essa questão, tanto pelo jornal interno quanto pela colônia de férias e, mesmo, pelos grupos que atuam mais diretamente na prática cultural, na política, nas festas religiosas.

Trata-se de uma relação extremamente discreta e sem envolvimento orgânico de qualquer natureza, que desconhece conflitos diretos com moradores que pertençam ao "movimento" – ou mesmo com seus dirigentes, que são também moradores do morro – numa forma ambígua adotada pelos moradores, com senha e disfarce, de um lado, para não entregar de bandeja "os meninos" para a polícia e, de outro – do tráfico –, por se identificar com a perspectiva comunitária presente no imaginário e no cotidiano da população do morro. E mesmo com os percalços inerentes a essa relação com o poder paralelo que atinge o conjunto da favela, não menos por embates diretos entre grupos rivais, do que destes com a polícia, o grupo ECO tem conseguido manter sua autonomia, apesar da postura crítica diante do tráfico.

Talvez um dos estudos mais pormenorizados da presença do narcotráfico no Santa Marta seja aquele feito sobre o associativismo, concluído em 1991, pelo pesquisador Atílio Pepe.

Nele, procura-se mostrar os grupos de traficantes, até então presentes, e descrever suas disputas, analisando a natureza das relações que o Estado mantinha e mantém com o narcotráfico, e que vão, desde confrontos diretos e marcantes, a alianças, mais ou menos veladas à dependência do tipo de interesses ou de denúncias. E principalmente no caso do Santa Marta que, a partir de 1989, quando a direção da Associação de Moradores local era exercida pela Chapa Amarela, apoiada pelo tráfico, passou a ter uma aliança explícita com setores do PDT, no governo do Estado, à época – numa movimentação que atingia o conjunto das favelas.

Tal estudo aponta também traços característicos do governo Moreira Franco e de seus prefeitos, entre os mandatos de Leonel Brizola, que possibilitou a expansão e a forte consolidação do tráfico e de seu mercado, sobretudo nas favelas da cidade do Rio de Janeiro, por agir fundado nessa mesma direção de alianças, às vezes inconfessáveis, de permeio ao tráfico. Esse fato abre possibilidade de interpretações variadas, não só por causa de seu caráter paralelo ou submerso, mas também pelo tratamento proposto pelas autoridades estaduais.

Embora se possam indicar atuações do Estado no combate ao tráfico e ao crime organizado, aponta para uma grande contradição, ao se detectar um aparelho policial altamente cooptado por interesses do crime organizado e da contravenção. Portanto, no próprio aparelho de segurança oficial do Estado se encontram focos ou bolsões aliados ao poder paralelo. Está estabelecida assim a circularidade do processo que permite o avanço do crime organizado, diretamente aliado ao narcotráfico, que lança suas garras na direção do controle, ou da forte representação junto ao aparelho oficial do associativismo nas favelas.

No caso do Santa Marta – que não fica de fora dessa tendência, que pode ser apontada como uma dupla busca de cooptação: do crime organizado, de um lado, e, de outro, do governo que quer também controlar as formas de organização do movimento popular – há bastante clareza na resposta dos dirigentes do movimento associativo, à época ligados ao grupo ECO, que buscavam a preservação da segurança e da própria identidade, da autonomia e da independência que caracteriza o novo movimento associativo. Tal posicionamento político por parte do citado grupo vai levá-lo, no final da década de 1980, a recuar da direção da Associação de Moradores, mesmo participando da disputa, mas não com a garra e empenho costumeiros, para se fortalecer em formas de organização da população do morro mais espalhadas nas microrrelações de seu cotidiano.

No entanto, o concerto das relações do dia a dia do morro é muito mais complexo e exige uma maior versatilidade, tanto para o convívio com a diversidade quanto para o enfrentamento do desafio constante de se construir aliados na luta contra inimigos maiores, na maior parte das vezes localizados fora da favela. Nesse sentido, como tendências genéricas, podem ser apontados momentos de convivência mais pacíficos e outros mais tensos, dependendo, é claro, do grupo do narcotráfico que comandasse o "movimento" local.

Depois da já citada guerra, em 1987, entre grupos antes aliados – do Zaca e do Cabeludo –, o morro fica permanentemente em cena, seja por sua localização na zona sul da cidade, por tudo o que isso significa, seja pela forma de atuação da polícia, que passa a achacar seus moradores, na justificativa de que se identificam com e como "bandidos".

Assim, pode-se dizer que, contraditoriamente, o momento de maiores riscos para a conquista, por parte dos moradores do Santa Marta, de práticas políticas mais democráticas, é sempre aquele equivalente à época de convivência pacífica desses moradores com o poder paternalista do narcotráfico. Isso se dá sobretudo nos momentos em que o narcotráfico consegue suprir a população favelada daquelas necessidades básicas – que não são satisfeitas pelo poder público, apesar de sua obrigação –, privilegiadamente as ligadas à saúde, aos últimos cuidados na hora da morte, incluindo gastos com o funeral, até as necessidades do outro lado da moeda da vida, que são a diversão e o entretenimento. O final da década de 1980 pode ser apontado como característico dessa opção política por parte do crime organizado, quando acentua inclusive a disputa de espaço entre as siglas (reais ou criadas pelo controle) do Comando Vermelho e do Terceiro Comando, onde já então se localizavam as principais lideranças em ação no crime, nas prisões, nas favelas ou em esconderijos estratégicos pela cidade.

Atento a essas tendências estruturais e conjunturais do crime organizado e das ações do narcotráfico, do Estado e do processo econômico em geral, o grupo ECO procurou formas de atuação que neutralizassem as influências externas, que mantinham a linha do reforço da ideia da favela como lugar da violência e do crime, e, ao mesmo tempo, buscou criar uma nova consciência comunitária, política e cultural que não se reduzisse apenas à luta pela sobrevivência, mas que pudesse abrir um caminho próprio para a construção da cidadania e da democracia. Sobretudo, que seja um caminho que fortaleça a atuação direta junto a crianças, adolescentes e jovens, exatamente os setores mais expostos às influências externas da mídia e aos apelos do consumo e à cobiça dos traficantes que neles vê a massa ideal para engajamento direto e indireto no exército dos traficantes.

Ainda há questões que chamam a atenção para o caráter comunicativo da relação interna do morro e sua interação com o asfalto: praticamente a totalidade das notícias e dos depoimentos que sustentam a exposição de Atílio Pepe sobre o narcotráfico pode também ser encontrada na grande imprensa do Rio e de São Paulo, em jornais como O Globo, Jornal do Brasil, Folha de S.Paulo, Estadão etc.

Algumas entrevistas, feitas com lideranças da Associação de Moradores e também do grupo ECO, mostram, de um lado, a necessidade da formação interna, a longo prazo, da comunidade para o combate à estrutura enraizada do narcotráfico e, de outro, apontam para o uso ideológico que a mídia faz para reforçar a imagem violenta da favela, como bem mostra um depoimento recolhido por Atílio Pepe em seu *Associativismo e política na favela do Santa Marta*: "... Aquela confusão da guerra de quadrilhas no morro foi mais uma festa que a TV Globo fez em cima do Santa Marta (...) Havia guerras por aí afora, mas nosso morro foi escolhido para representar todas as favelas como lugar de crime, de violência, de garotos drogados com armas na mão..."

Mais uma vez os moradores da favela ficam encurralados diretamente por três setores armados. Dois deles sofisticados pela tecnologia armamentista e legitimados pela justificativa da autodefesa – um oficial e o outro paralelo –, e um terceiro com os meios de comunicação à sua disposição para imobilizar os fatos e mobilizá-los na direção mais apropriada a seus esquemas de controle e de formação de opinião.

Lideranças de algumas favelas, e especialmente as do Santa Marta, vêm apontando para a questão do narcotráfico, e de tudo que a esse movimento está relacionado, como o crime, a contravenção e o isolamento cada vez maior da favela com relação ao conjunto da cidade, como uma das questões prioritárias a serem enfrentadas. Enfrentamento que vai desde a quebra do tabu do tema, que os moradores, por medidas de autodefesa, estão impedidos de discutir, até a procura de alternativas, o que envolve os diversos setores das políticas públicas e sociais do Estado, que só estarão mais presentes nas favelas na medida em que seus moradores, nas mais diversas formas de organização, conseguirem exigir seus direitos. E, segundo o que se apurou, a própria lei do medo e o silêncio podem acabar apoiando o lado armado do tráfico, já que este está dentro da favela o tempo todo e com a ambiguidade de, na maioria das vezes, ser constituído de moradores locais, o que permite que o ataque à polícia seja mais sistemático. O que se concluiu é que, sem deixar de criticar os abusos do poder policial, é preciso quebrar a barreira do silêncio, para se criticar também, e com o rigor devido, a tortura a que o morador está submetido para se defender numa guerra que não lhe diz respeito e que, ademais, diminui assustadoramente, não só sua média de vida, mas também a qualidade da mesma.

Sobre essa última conclusão, há uma coincidência também das constatações da pesquisa, com a incidência de conquistas de melhorias no campo da política social e do desenvolvimento, majoritariamente nos anos de maior organização e autonomia do movimento associativo, quando a Light, as obras de encostas e de infraestrutura, assim como os atendimentos na área de saúde e de formação de líderes comunitários da mesma área, as construções de alvenaria etc., entram mais sistematicamente nas favelas. Após a fragilização da organização dos movimentos comunitários e associativos, verifica-se um hiato da presença do Estado. É preciso estar atento ao novo processo – o

Favela-Bairro – que, por sua natureza ainda recente, não possibilita conclusões definitivas, por não estarem totalmente claras as pressões que o possibilitaram. O que já se pode dizer hoje é que, segundo a tradição democrática e autônoma do movimento associativo, esse processo não tem cumprido um requisito básico, que é o de criar decisões com a maior participação possível dos moradores locais.

A situação "sanduíche" a que a população favelada está submetida no confronto bandido/polícia fica, por outro lado, cada vez mais insustentável, pois os sujeitos dessa população não conseguem fugir da pecha de alcaguetes ou de traidores, caso assumam algum dos lados, correndo o risco até de serem expulsos da "localidade", qualquer que tenha sido sua opção. Daí decorre a razão mais objetiva, pela qual os grupos mais articulados e organizados em torno das mudanças a serem conquistadas pela via democrática e cidadã da defesa dos direitos constitucionais, manifestam-se favoráveis à legalização das drogas, seguida do controle oficial de seu uso, segundo as normas e os critérios da saúde, e da segurança e da cultura num contexto mais amplo. Do contrário, os únicos beneficiários são os proprietários do poder econômico de um mercado que satisfaz as necessidades desviantes das classes ricas, e produz uma espécie de guerra civil que destrói a população pobre, e cuja intensidade leva esta mesma população a identificar a favela, com todas as contradições, como seu espaço de identidade e referência.

A pátria é a favela

Escrevia Antonio Candido sobre os "parceiros do Rio Bonito", observando a leitura de mundo de um pacato e longínquo lugarejo do interior de São Paulo, que para aquela população a pátria era o futebol.

Ao ver a imagem de dona Zinha, no citado vídeo *Duas semanas no morro* e de alguns outros depoentes dizendo: "Aqui é a oitava maravilha do mundo", "Não troco isso aqui por Copacabana... não há lugar melhor do que isso aqui não", ou então, "O Brasil é um país livre. Se você diz lá fora que o presidente é negro, mesmo que seja (...) você vai ser castigado", pode-se pensar que não se trata tão somente de um exagero, mas, principalmente, de uma identidade cultural com espaço em que vivem, isto é, para ela e para muitos outros a pátria é a favela.

A população, diluída e ao mesmo tempo agregada pela multiplicidade das utopias e das práticas de seus membros em suas subjetividade e intimidade, busca se aninhar nas formas que respondem a seus anseios. E a favela, como resultado da superpopulação da metrópole, convive com o país e com as sociedades virtuais que lhe são negados, apesar de, na realidade, ser sua população que mantém tanto a pátria de chuteiras quanto o barulho e o silêncio da cidade que trabalha e que dorme no ritmo do bem-estar. E aquele lugar que lhe sobrou e que a acolhe é o único que pode ser identificado como sua pátria.

Certamente, à situação em que a falta de assistência social e real às favelas é normal, criam-se modos de luta e de resistência para tornar esse espaço habitacional o mais seguro possível, apesar – ou por causa – dos riscos e dos perigos a serem enfrentados no cotidiano.

A tradição brasileira, desde os métodos dominadores da colonização à retificação das relações humanas radicalizada na história da escravidão, deixa sua herança para as culturas política, econômica e religiosa contemporâneas na acomodação das grandes metrópoles, especialmente, e na acumulação do campo que gera os grandes latifúndios. Favelados e sem-terra, aos milhões, são hoje a expressão do tratamento diferenciador, não em respeito à objetividade e à autonomia de identidade de cada pessoa, mas em função da desigualdade e da hierarquização social que debitam ao negro e ao pobre o lugar social da reclusão e, portanto, da exclusão.

No entanto, essa história é dialetizada, desde seu início, como atesta a raiz da cultura brasileira, pelo poder discricionário da marginalização, cuja pátria só poderá ser frequentada em sua periferia.

Essa questão introduz a discussão do saber ou do poder que se envolve diretamente com a instituição, que no caso dessa pátria reclusa, caracteriza-se como um modelo excludente de organização de sociedade, na medida em que a lógica da escolha dos dirigentes relaciona-se diretamente com a constituição e a proximidade dos aparelhos partidários, ideologicamente identificados com a instituição a ser dirigida.

A democratização dessa relação está na razão ou na lógica direta da representação da sociedade civil, que dessa forma pode garantir a ampliação da cidadania. A ausência dessa forma de organização pode facilitar a criação de formas paralelas de poder, que por seu caráter clandestino e ambíguo facilita as relações centralistas e autoritárias.

Essa discussão precisa se dar de forma a interagir a relação favela/asfalto, para que o conjunto dos moradores possa usufruir igualmente das formas de poder traduzidas nas instituições da cidade.

E, assim, os limites da pátria serão ampliados para fora da favela e a nação poderá se formar de um único povo cidadão.

A vizinhança da vida com a morte

Os finais de tarde e inícios de noite aprofundam a beleza dos horizontes "estrelados" pelo morro, nesse caso, contrastando a iluminação do Santa Marta com a escuridão do cemitério São

João Batista, ponteada pelas luzes dos holofotes que atestam a chegada de mais um ao mausoléu dos imortais.

Esse fenômeno traz à superfície da terra lembranças de ocorrências que aproximam mestres e personalidades de cidadãos comuns, entrelaçadas pelo vigor radicalizado da vida, que ganha maior sentido, na medida de sua aproximação com a morte.

Pode-se dizer então que a vizinhança da vida com a morte se apresenta sem pedir licença, radicalidade da aproximação, porque é o rompimento também com as estruturas de poder e de saber que reproduzem discriminação, autoritarismo e dominação.

Que nomes traz entre outros essa interação desmontadora das estruturas do *status quo*? Imediatamente salta à memória o clarão reluzente de vidas que se imortalizam porque suas passagens deixaram marcas interativas nas possibilidades da existência: Hélio Pelegrino, mestre Joãozinho, Henfil, Dedé, Darcy Ribeiro, Betinho, dom Hélder Camara e mais um "Silva", possível vítima da polícia e/ou de traficante.

Hélio Pelegrino, inclusive, pouco antes de sua morte, num encontro sobre direitos humanos mediado por Leonardo Boff, sentiu a mesma sensação que Gilson Cardoso – ex-presidente da Associação de Moradores do Santa Marta e representante de uma ONG voltada para os direitos humanos –, o êxtase do que sempre os tinha aproximado: a leitura da diferença entre sintoma e causa, após a inebriante visão de imagens, do massacre ao bálsamo, ostentadas no vídeo *Duas semanas no morro*.

Hélio Pelegrino pôde finalmente conhecer o "morro" e estabelecer, ao menos com alguns setores de sua população, laços afetivos e transformadores. Morreu, porém, quando isso estava acontecendo, e foi vizinhar no São João Batista, onde se radicalizam as concepções.

Henfil morava "também" no morro com a Graúna e com todos os conflitos e contradições e confrontos da Caatinga, que faz remover até os túmulos.

E finalmente a relembrança da lua cheia a testemunhar o auge do funeral de Darcy Ribeiro no mausoléu da Academia, coincidentemente tão próximo dos lugares de "descanso eterno", covas rasas, que acolheram o mestre Joãozinho e o saudoso Dedé, juntamente com tantos outros "Silvas" e "Ferrazes" que a autodestruição da cultura da pobreza assassinou.

Como disse na ocasião Leonardo Boff, Darcy Ribeiro, o imortal das letras, da rebeldia e do afeto, estava próximo de Deus, porque acreditava no amor. Passou pela vida buscando a reaproximação da sociedade com o amor, propondo relações de saber e de poder sobre índios, crianças e negros que superassem as estruturas discriminadoras, quase sempre assassinas, que tiram a terra e a cultura do índio e do pobre (branco ou negro) e criam as favelas como lugar de reclusão de suas crianças (também brancas e negras).

Certamente na concepção do CIEP e do Sambódromo, Darcy Ribeiro estava tão próximo da favela e da periferia quanto seu mausoléu está do Santa Marta, bem em frente, ou do Cabritos, ou da Ladeira do Tabajaras, logo atrás.

De frente para o Santa, dois mestres vaticinavam: de um lado, Leonardo Boff dizia que "Darcy era uma das pessoas mais inteligentes que conheci (...) porque sabia aliar o conhecimento, a criação e a produção, com afeto e com amor"; de outro, há alguns anos, em 1984, o mestre Diniz, na hora derradeira de Joãozinho – antigo mestre da Folia de Reis do Santa Marta –, falava: "Aqui está uma das pessoas mais inteligentes que conheci, dentro de sua capacidade."

Entre esses dois espaços –, cuja especificidade chama a atenção da cidade e da sociedade, por trazerem em seus limites os riscos da liberdade, da igualdade, da reclusão ou da ressurreição, conforme creem alguns – estão exatamente os riscos e as nuanças da construção do saber e do poder a partir das estruturas mentais, espirituais, intelectuais, institucionais e materiais que trançam a trama da rede que atravessa o cotidiano.

Quinto Capítulo

É possível uma outra cultura de segurança?[1]

> A imensa desterritorialização relativa do capitalismo mundial precisa se reterritorializar sobre o Estado Nacional moderno, que culmina na democracia, nova sociedade de "irmãos", versão capitalista da sociedade de amigos.
>
> Gilles Deleuze e Félix Guattari
> (1991:128)

Introdução

A experiência das UPP's (Unidades de Polícia Pacificadora) em curso no Rio de Janeiro, na retomada do território público, constitui-se hoje no espaço privilegiado de ampliação do debate, do significado e da prática em torno do desenvolvimento das políticas públicas da cidade e de sua interação.

O legado democrático, construído a partir da pluralidade, da diversidade e da necessidade, é, certamente, o pressuposto da compreensão da proposta que desafia sociedade civil e poder público e os arremedos civilizatórios que recortam o cotidiano urbano da sociedade contemporânea.

A ideia de segurança até hoje cultuada é legada do processo "civilizatório" calcado no preconceito e na discriminação imposta pela visão classista, hierarquizante e privatizadora da coisa pública e das atribuições do "bem" e da "verdade", res-

---
[1] Texto apresentado inicialmente no Programa de Pós-Doutorado da Escola de Comunicação da UFRJ como parte da pesquisa "Cultura, cidade e cidadania", sob a orientação do professor emérito Márcio Tavares d'Amaral.

ponsáveis por tanta tortura espiritual e física, em cada passo sobre a terra.

Assim, está em jogo a passagem do reino do valor para o reino de necessidade, quando a genealogia da composição atual da cidade exige-nos nova "cultura". Isto é, quando chacina deixa de ser considerada "normal", mormente quando localizada na favela e na periferia, especialmente no meio da maioria negra, na sua origem.

As várias tentativas de solução da questão de segurança, com sua referência apenas na polícia, não têm logrado sucesso. Aí, a lógica da repressão prevalece.

Já nos anos 1990, a UERJ (Universidade do Estado do Rio de Janeiro), através da sua Sub-Reitoria de Extensão, produziu, a partir de um Seminário Internacional, com experiências do Canadá, e com iniciativas brasileiras de projetos em torno da segurança e da polícia para discutir políticas públicas, a ampliação do debate "tabu" para além da Academia de Polícia ou dos órgãos de segurança.

Intelectuais, pesquisadores, administração pública, incluindo a Secretaria de Segurança Pública, à época com o delegado Hélio Luz à frente, e ainda dirigentes e pesquisadores dos movimentos sociais, propunham, entre outras coisas, um curso de graduação para a polícia.

O pressuposto da compreensão de cidade, a partir da diversidade, da diferença e da heterogeneidade sociopolítica, econômica e cultural, rediscute o lugar de tratamento da segurança, especialmente da polícia, que tem se constituído, até bem pouco tempo, como a única forma de presença do Estado nos territórios empobrecidos. Contraditoriamente, isso justifica sua ação repressora, pela precariedade de assistência e pela ausência de políticas públicas. Nesse sentido, o caso atual do Rio de Janeiro, iniciado pelo Santa Marta, merece atenção especial.

Algumas questões estão em jogo quando as UPP's inauguram, no Santa Marta, a sua chegada, para se expandir para outras favelas do Rio. Expressões e categorias como "ocupação", "território" e "territorialidade", "civilizatório", como nova cultura de cidadania e de política pública e "civilização", ainda sob custódia da "cidadania regulada", requerem a retomada da história dessa favela, grande parte dela já relatada neste livro.

Esse saudável confronto coloca em jogo as visões de cidade, de política pública, na diferenciação de política de Estado x política de governo, bem como do papel da sociedade no fortalecimento do *comum*. Portanto, as novas expectativas da cultura de segurança são um desafio para a sociedade.

É preciso ainda salientar um outro aspecto da construção da cidade, especialmente nas favelas e nas periferias, que guardam formas especiais na regularidade da construção urbana, a partir do mutirão e de todos os métodos que fortalecem as ações comuns ou comunitárias. Neste aspecto, o campo religioso age com maior frequência desenvolvendo ações solidárias. Nas décadas de 1960, 1970 e 1980, a tradição das Comunidades Eclesiais de Base (CEBs), através da Pastoral das Favelas, tem grande influência. Na atualidade, também os cultos evangélicos exercem ações comunitárias. Neste caso, o grande desafio é preservar a pluralidade e a diversidade do comum, no fortalecimento da dimensão pública, que não pode ser confundida com a dimensão confessional e catequética.

A retomada do território com avanço da cidadania requer o protagonismo dos moradores, que, por mais conflitivo que seja o ambiente, não se afastaram do seu lugar de viver. O motor da resistência está na tradição cultural, que identifica sua significação. E tem jongo, e tem samba, e tem funk, e hip-hop, e folia de reis, e música caipira e tantas outras tradições que precisam ser desenvolvidas e preservadas.

E as perguntas simples, mas aparentemente "absurdas" pela cultura da ausência, precisam ser feitas: E a escola? E o hospital? E o cinema? E os espaços de lazer? E a moradia digna? Naturalmente, na explicitação da universalização dos *direitos*, todos teriam o mesmo *acesso*.

Uma nova trajetória

A partir de 20 de novembro, inicia-se no morro Santa Marta o processo que se chamou da criação de uma nova política pública de segurança do governo do Estado do Rio de Janeiro: as Unidades de Polícia Pacificadora (UPP).

Logo em seguida, a quadra da escola de samba, instalada no chamado "Cantão" do Santa, é palco de um dos atos políticos mais representativos do ponto de vista da gestão pública, com o ineditismo da chamada gestão territorial, isto é, Município, Estado e União irmanados na consolidação de uma mesma política pública, quando estiveram presentes o prefeito da cidade do Rio de Janeiro (Eduardo Paes, com cinco secretários municipais), o governador (Sérgio Cabral, acompanhado de sete secretários das áreas mais afeitas às carências da favela) e o Presidente da República (Luis Inácio Lula da Silva, acompanhado de cinco ministros de Estado).

Era a explicitação pública de que segurança não se reduz apenas à presença policial, ao mesmo tempo em que estava presente a necessidade de se implantar políticas públicas, da mesma forma não se reduzindo à particularidade isolada da favela, mas à política pública urbana, na complexidade de sua territorialidade.

Dois anos e meio depois, foram ouvidos moradores (representações) da favela, moradores da cidade do Rio (particularmente estudantes da área de comunicação e mídias locais) e a coordenação das UPPs (cel. Robson da Silva Rodrigues) para uma avaliação a mais próxima possível da fotografia atual do Santa Marta e da cidade do Rio de Janeiro.

Pode-se afirmar que a favela – grávida, ao mesmo tempo em que mãe e avó de contradições – constitui-se num dos principais questionamentos do capitalismo e dos modelos de Estado, como também constituinte da cidade, em plena edição pós-fordista – da flexibilidade e da fatidicidade, o que legitima as formas de exploração contemporânea. A potência da favela acrescenta valores ao fenômeno de segurança do Estado, como pode sintomatizar a UPP.

Pode-se afirmar também que a política pública brasileira, hoje, cumpre o papel de desierarquização do capitalismo, quando distribuição de renda convivendo com acúmulo de lucros, gera e é gerado pela pulsação imanente do movimento autônomo e vivo que promove a leitura marxista da favela a partir da ontologia positiva da potência.

A contradição, no entanto, não pode se constituir na leitura de uma solução homogênea dos conflitos, como podem atestar leituras gramscianas, leninistas e outras marxistas, com riscos de se promover a ilusão das contradições.

Especialmente, este momento do Rio está movido por interesses contrastantes de cidade, como afirmam o sociólogo da Universidade Federal Fluminense, Kant de Lima, e Luiz César de Queiroz Ribeiro, da UERJ, (*O Globo*, 28/12/2010): a cidade como sendo uma *commodity* para um público seleto de investidores e consumidores e, também, para os que lutam pela cidade como riqueza social, acessível a todos. Pode-se afirmar que, mesmo considerando já um tempo razoável de ampliação do processo democrático, ainda persiste, em grande parte da cultura administrativa, o falso dilema "favela" e "asfalto", quando direitos civis e serviços públicos são concedidos como "direitos" privilegiados dos semelhantes, e para os diferentes, desiguais, apartados, empobrecidos, excluídos necessários ou ainda os desnecessários (para cidade *commodity*) são concedidas as benesses, via de regra, ainda considerados populações perigosas, destinados a serem tutelados ou vigiados (onde se justifica a existência da polícia).

Ainda uma palavra sobre a segurança, para assegurarmos a consistência do debate político, de uma categoria dessa natureza, que se qualifica no contexto do nascimento do Estado moderno.

Foucault nos oferece mais alguns elementos importantíssimos para entendermos o papel da segurança e sua relação com disciplina e lei como instrumentos de governo, em oposição à economia e à política dos fisiocratas que, segundo o filósofo Giorgio Agamben (Cocco & Hopstein, 2002:145), demonstra que a segurança só pode funcionar num contexto de liberdade de trânsito, comércio e de iniciativa individual.

A segurança caracteriza a dimensão política na intervenção dos processos em curso para dirigi-los, enquanto a lei quer peneirar e regular, na medida da produção da ordem, que é o que faz a disciplina. Regular a desordem é papel da segurança.

Torna-se risco quando o Estado tem na segurança o seu ponto de apoio, pois demonstra sua fragilidade.

É esse o contexto – desafio em que nascem as UPPs. E seu surgimento é também desafiador da cultura discricionária até aqui descrita, tanto de concepção de política pública como os pressupostos bélicos e vigilantes da ação e do papel da polícia. O que faz pressupor que se torna prioritário o papel do Estado e da sociedade na formação da polícia. Entre as inúmeras pesquisas já em curso, a proposta do CESeC (Centro de Estudos de Segurança e Cidadania), da Universidade Cândido Mendes, aponta, nas primeiras indicações, a necessidade dos policiais se sentirem também sujeitos: na valorização (também salarial) e proximidade, tanto física como identitária, do e com o projeto.

Contexto da UPP

Em tempo de globalização e de redescoberta do local, quando religião, futebol e política passam a ser cada vez mais discutidos, contrariando o ditado; quando internet e sociedade em rede localizam tudo aqui, e os supersônicos conduzem cada vez mais aos que redescobrem a territorialidade de identidade que é a diversidade.

Não dá mais para privatizar a coisa pública nem padronizar a diversidade da individualidade e negar a potência da diferença. Nem dá para mascarar a perversão da desigualdade que é a raiz da violência, via de regra, indevidamente atribuída aos territórios do empobrecimento. Nítida tentativa de confundir sintoma e causa.

É nesse contexto que surge uma nova experiência que é aparentemente utópica, porque vinculada a uma política pública localizada no limiar do conflito: a segurança. Na medida em que o processo democrático avança, os aspectos mais contraditórios são cada vez mais expressões da política.

Por que a primeira UPP é inaugurada no Santa Marta? Do ponto de vista do poder público e de sua estratégia de combate ao crime, as pequenas dimensões dessa favela na zona sul do Rio, com tradição de venda de drogas e de conflitos armados ou as chamadas "guerras do tráfico", além de sua viabilidade, são fatores determinantes para a escolha.

No entanto, há outros elementos muito importantes, decisivos mesmo, para que essa iniciativa seja possível. Certamente, a tradição de luta de alguns setores, que a partir das preocupações com a polícia e de sua relação com a população, constituísse um processo cidadão. Cite-se aqui a publicação de um livro sobre o Coronel Nazareth Cerqueira, *Sonho de uma Polícia cidadã*, ator articulador desse processo a partir do pioneiro governo Brizola, de 1983-1987, voltando no início da década de 1990.

Sobre a trajetória interna do Santa Marta, há elementos esclarecedores nesta publicação, a partir da descrição da diversidade política, cultural e religiosa da história da favela e sua inscrição em Botafogo e na cidade do Rio de Janeiro. Cite-se, claro, outras publicações, literárias e de audiovisual, como o vídeo Santa Marta: duas semanas no morro (já citado); *O Abusado*, de Caco Barcelos, e outros.

Existe também a polêmica em torno do nome da favela "Santa" ou "Dona" Marta, alertada ultimamente pela correção feita pelo Presidente da República, Lula da Silva, ao Prefeito do Rio, Eduardo Paes, que havia dito Dona Marta, no ato público citado. Como para o conjunto dos moradores não há dúvidas quanto à tradição do nome da favela "Santa Marta", e o complexo geográfico que circunda a favela e se dirige ao Corcovado é "Dona Marta", resta constatar que a confusão é resultado do olhar externo, marcadamente das pautas da mídia comercial.

Um novo glossário?

O espaço urbano territorializado pela cidadania e pela democracia explicita uma nova significação, em cuja edição as UPPs têm duração limitada, como correção de desvios provocados pela cultura do preconceito que define limítrofes do espaço público como privatizações hierarquizadas e elitistas, como se pode comprovar a partir do uso de vocábulos que dão novas "regulações" ao espaço local, senão vejamos algumas situações, experimentadas pelo Santa Marta ou outras favelas.

1. "Ocupação", que já nasce com o risco dialético da "remoção". Em geral, resulta da má projeção e/ou administração urbana que não prevê as demandas habitacionais e culturais exigidas pelo mercado e pelas necessidades urbanas e humanas. Via de regra, as soluções inventadas pela população diretamente atingida explicitam a crise, podendo incorrer em degradações ambientais, em áreas de risco e outras mazelas, no concurso da moradia. Neste caso, a distância entre local de trabalho e moradia, com as devidas fragilidades do transporte, são critérios para as "ocupações", ocorridas também no bojo da exploração imobiliária, tomadas quase que como soluções para a ausência ou a demora do e no transporte.
2. "Território" é uma outra forma de "ocupação", desta vez demarcando espaço de "controle", onde não há definição clara da gestão urbana que convive também com a crise da regulação. Define-se como área física de domínio de uma forma de poder, chamada "paralela". Tais áreas podem se multiplicar a partir da expansão do poder de grupos e facções. Já a "territorialidade" se explica por formas de viver e de compreender o espaço que se amplia às demarcações físicas, como ocorre, por exemplo, com as semelhanças étnicas, religiosas, familiares que superam espaços físicos e redirecionam periferias e centros. É esse o contexto das "instalações" das UPPs, a princípio para a retomada de territórios armados para a reconquista ou, na maior parte das vezes, conquista da cidadania. Daí o destino provisório das UPPs, como sua vocação.
3. Cidadania – termo básico na existência do tecido urbano, na adequação e na invenção do comum, ela é sintoma

dos avanços, recuos, riscos e consolidações democráticas. Quanto mais limitado o alcance da participação da população, tanto mais regulada será a cidadania. Isto é, o limite do acesso relativiza o discurso da igualdade do direito (para todos). A cidadania decorre da conjugação de direitos sociais e a perspectiva da democratização, no sentido de politização: isto é, luta política por direitos.

A partir daí, novas relativizações ocorrem, com termos absolutamente usados na atualidade. Do pomposo *empoderamento* à *comiserada tolerância*, passando pelos social e politicamente corretos: *exclusão* e *inclusão*.

Há aqui um impasse de natureza teórica, com implicações políticas sistêmicas atinentes ao modo de produção vigente que estrutura econômica, cultural e politicamente também a sociedade brasileira, contrapondo-se claramente ao avanço democrático e cidadão, que tem na favela e nas periferias as feridas expostas de suas contradições.

É neste contexto que a significação das palavras acima carecem de discussão política, antropológica e sociológica, para não se correr o risco de transposições de expressões e categorias de diferentes usos e contextos. Assim, o uso de *empowerment*, que significa "dar poder a alguém", ainda se situa no campo diferenciado de setores que podem empoderar outros, com o risco direto de se falsear a autonomia e a conquista do acesso ao poder, coletiva ou subjetivamente, com as instituições não no papel de tutoras, mas de viabilizadoras. Nesta mesma direção, *tolerar* também marca a superioridade de quem tolera, quando o ideal democrático e cidadão é o reconhecimento da diferença que coloca a todos em igualdade de condições, soletrando a liberdade, que destrói também a ilusão sistêmica da exclusão e da inclusão como se fosse benesse também sistêmica. Ou alguém gostaria de ser tolerado por outrem?

Ou ainda se seria possível *excluir* quem nunca pertenceu organicamente ao modelo ou sistema vigentes? Ou a *inclusão* que não se limitasse a projetos assistenciais permanentes?

São perguntas cujas respostas exigem a mudança do tecido urbano, na constituição da nova cidade, com autonomia, liberdade coletiva e segurança individual.

A retomada

Passados 12 anos, essa expressão, "Cidade Cerzida", era uma chamada para a superação da visão equivocada da existência de duas cidades – a do asfalto e a da favela – quando a primeira edição deste livro foi publicada. Pode-se dizer, hoje, que tal expressão é atualíssima.

A referência deste estudo, o morro Santa Marta, tem sido palco de peças de exibição simbólicas do novo momento da cidade. É claro que o cotidiano vivido pela população que mora na favela radicaliza os conflitos de convivência que repercutem em toda a cidade.

A tradição cultural brasileira, sob as influências de pressupostos preconceituosos reproduzidos pela *mass-media*, transforma com facilidade a favela no território do risco e de fragilidade, geradores da violência. Daí, para que o imaginário localize a causa da violência na favela, é um passo.

Tais argumentos reforçam a ideia de cidade partida, não na sua dimensão funcional e instrumentalizadora da força de trabalho, mas pela territorialidade da desigualdade e da diferença que define limite de espaço para os empobrecidos: negros, indígenas, mas também brancos. Do ponto de vista da estrutura urbana, sobra-lhes o não lugar, em geral povoado pelos chamados "excluídos necessários" e os "não necessários" (Nascimento, 1994).

Pode-se afirmar, hoje, que, contraditoriamente, há um sintoma indicador do discurso de cidade como expressão conjunta da diversidade, da diferença e da desigualdade. Portanto, trata-se de uma e mesma cidade quando a segurança é tratada como política pública.

O interesse, a atenção (mesmo admiração) com que os moradores do "asfalto", em geral, veem as UPPs, dão a verdadeira dimensão do quanto a estrutura urbana atinge o conjunto dos seus moradores, ainda que, contraditoriamente, como observa o cientista social Luis Antonio Machado da Silva (*O Globo*, 20/3/2010), sua existência territorializa-se nas "comunidades", reforçando, portanto, a dualização da cidade.

De toda forma, está em curso um processo de se repensar a cidade, atingindo, inicialmente, a mudança de temas-tabus: como o da polícia e o da segurança. Não se trata, portanto, de domesticação da população a uma nova ação policial, mas sim de definições claras de papéis que fortaleçam a autonomia, a liberdade, o acesso e o direito de parte da cidade conflagrada.

Essa mesma cidade, no entanto, cria formas de resistência muito plurais e diversificadas, com acentos culturais restauradores do universo simbólico que, ao mesmo tempo em que preserva as tradições, é extremamente criativo.

Nesse sentido, o temor de que as UPPs poderiam ocupar os papéis de "donos" das favelas, a partir da lógica da "autoridade armada", não tem se verificado, nestes já dois primeiros anos de experiência. E, diga-se a bem da verdade, também pela concepção dos dirigentes da política pública de segurança, completamente afinados com os pressupostos democráticos e de cidadania, bem como com as bases teóricas do pensamento crítico contemporâneo das ciências sociais, antropológicas e políticas.

Pode-se afirmar, hoje, que a explicitação das mazelas da cidade, como sintoma de estruturas superadas para a atual situação do complexo urbano, exige de governantes e gestores públicos definições e práticas contundentes na superação da apartação.

A gestão territorial tende hoje a uma mudança de natureza institucional (bem como de própria natureza de instituição), isto é, o alvo principal é a adequação aos interesses e princípios do comum e não a própria instituição. Vale dizer que o pensamento assassino de não liberar tal verba para não fortalecer o partido tal, ora à frente da administração, local, estadual ou da união, está cada vez mais superado.

Nesse sentido, a ampliação perceptível das UPPs, hoje, já se estabelecendo em conjuntos e conglomerados de favelas expressivos, credibiliza cada vez mais sua existência como numa política pública que "está pegando". As questões de sobrevivência e de troca de territórios, que serão brevemente sujeitos de "política pública", colocam-se, cada vez mais, para os criminosos agentes do poder paralelo, como questão.

Questão esta reveladora da ambiguidade da gestão do espaço urbano em geral. Inicialmente, o processo migratório dos interesses econômicos e políticos continua gerando tensões, na medida das exposições de áreas periféricas e interioranas das fragilidades da presença do Estado ou do poder público no conjunto da cidade ou do complexo urbano.

Na medida, no entanto, em que tais contradições se explicitam, o poder público está atingindo sua dimensão democrática e cidadã de maior controle possível por parte da sociedade, que vai diminuindo os espaços tensos de não controle, transformados, via de regra, em moeda de troca. Pode-se citar como um sistema de potencialidade e fragilidade a maior facilidade de circulação das mídias locais e, portanto, de maior exposição de seus métodos, técnicas e poder político na construção da notícia e da opinião sobre a cidade, nas dobras e interstícios, nem sempre conhecidas de toda a cidade.

Há uma tendência, por razões históricas de práticas muitas vezes inconfessáveis, da leitura conspiratória das "razões de Estado" e suas influências nas mídias locais (comerciais e comunitárias), a um reducionismo das políticas públicas em curso a interesses de curto prazo que precisam esconder a cara da cidade. Pesa essa "desconfiança", por exemplo, nas instalações atuais das UPPs, por "saneamento público" destinado à visibilização do perfil positivo da cidade e da sociedade brasileiras para os eventos internacionais e globalizantes da Copa do Mundo e das Olimpíadas. De recente memória histórica, pesa o processo de assepsia, tanto do crime como da radicalidade da presença do empobrecimento socioeconômico (mendicância e suas mazelas), literalmente recolhidos durante o processo de realização da ECO 92 no Rio de Janeiro, como veremos mais adiante.

Portanto, avaliação e análise das UPPs, hoje, necessariamente, extrapola seu papel institucional, limitado à Secretaria de Segurança, tanto no que diz respeito a essa secretaria como no tratamento aos territórios empobrecidos, enquanto estrutura urbana processual e inacabada.

É nesse processo de construção da cidadania e da democracia que se contextualiza a contribuição do Santa Marta e das demais favelas, quando o pressuposto político-cultural da segurança urbana está na proporção direta da conquista do direito, portanto, do *acesso* a todas as políticas públicas. É essa a lógica do legado dos grandes acontecimentos do mundo, como o caso que se nos avizinha: local da Copa e das Olimpíadas.

E, diga-se, não se trata de um legado automático, gerado por obra e engenhos institucionais que, teoricamente, buscam "cumprir" a vontade e a necessidade da população. Mas sim, o resultado sintonizado entre o papel institucional do poder público e dos processos de resistência e orgânicos dessa mesma população. E neste aspecto, a história das favelas do Rio, iniciando pelo Santa Marta, tem a dizer e a contribuir para uma nova cultura de segurança da cidade.

As UPPs vistas pelo Estado, por moradores do Santa Marta e por estudantes de Comunicação

Reflexões com o coordenador geral das UPPs, coronel Robson da Silva Rodrigues

Assim nascem as UPPs e por que no Santa Marta? Segundo o seu coordenador geral, Coronel Robson Rodrigues, é um projeto que nasce da prática. Inicialmente, recuperar a creche no alto do morro, que estava ocupada pelos "traficantes".

A partir daí, ele descreve com rigor e simplicidade os passos seguintes que implicam, no momento da entrevista, a recuperação ("ocupação" solfejada pela mídia – da favela da Mangueira), quando a necessidade vai aperfeiçoando o processo.

Pois bem, "ocupar" os espaços dominados pelo tráfico não é suficiente. É preciso *permanecer*. Primeira constatação: a fragilidade dos quadros policiais. Acostumados à abordagem repressiva, com armas letais, agora precisam de outra *arma*: o *diálogo* para a *convivência* com a população da favela.

Enquanto isso, a Cidade de Deus exige a presença, onde também é necessário permanecer.

A partir daí, segundo o cel. Robson, está colocada a necessidade de se sistematizar um novo perfil de polícia: menos letal e mais dialogal, no intuito de se cobrir as favelas mais problemáticas em função da presença do tráfico e de atividades criminosas no controle das atividades econômicas.

Delineia-se a nova estratégia política da retomada de território que marca a finalidade da polícia num estado democrático, quando se busca a mediação do conflito, possibilitando ao policial ser proativo e não repressivo. Isso exige a superação das cargas negativas dos guetos e dos riscos.

O novo concurso para doze mil policiais já segue essa estratégia de ocupação de territórios, que exige uma nova postura de solidariedade com a população da favela.

Na descrição do seu coordenador, está assim instaurada e instalada a UPP, que é um processo com avanços constantes que estão sendo consolidados, portanto, superando contradições. O que exige formação continuada para alcançar legitimidade. Por isso, ainda segundo Robson, a UPP é parte de uma política pública de segurança, na linha de superação de lógica da guerra, para um ambiente pacífico e salutar, especialmente para os jovens com perfil afrodescendente – negro e empobrecido, na sua maioria.

O novo desafio para a polícia é ser criativa, para ser proativa, e tendo como principal "arma" o *diálogo*. Por isso as parcerias são importantíssimas, tanto no âmbito do Estado, no seu caráter interativo, como com a sociedade civil, onde, por exemplo, a universidade exerce o papel pedagógico e criativo de uma nova cultura de segurança e do conhecimento.

As primeiras indicações são de metas históricas, vez que a UPP é um sinal de mudança para toda a polícia, e sua consolidação como política pública estabelece uma nova postura da presença do Estado na vida cotidiana da população, que abre a possibilidade de um outro lugar do olhar dos jovens, por exemplo.

Alinhado e afinado com a visão do secretário de Segurança, dr. José Mariano Beltrame, o cel. Robson salienta também que os primeiros impactos positivos da atual política de segurança, pautada na experiência das UPPs, expõem a responsabilidade de todos os atores (Estado e sociedade), inclusive a polícia, ao expor as contradições das entranhas da sociedade, com suas fragilidades e potencialidades. Só uma grande mudança na cultura de Segurança e de política pública pode restabelecer a presença do Estado, durante tanto tempo ausente na vida da população empobrecida, expulsa, no contexto urbano, para as favelas e periferias.

Quando a alegria e a solidariedade começam a se refletir na proporção do alívio do sentimento de medo, abrem-se os espaços para expressões práticas e simbólicas transformadoras, em que as relações entre polícia e sociedade podem ser mudadas.

Nesse sentido, saliente-se o cuidado pedagógico e político, de os comandantes não confundirem inserção e diálogo com e na comunidade com a apropriação do processo que o torna, necessariamente, assistencialista. O diálogo com a cultura local é fundamental, não só para a sedimentação da UPP, mas para a polícia também com vetor de transformação de toda polícia.

A conclusão provisória do cel. Robson salienta ainda a importância da gestão territorial, que caracteriza a ação atual do poder público, possibilitando pensar nas dimensões nacionais, estaduais e municipais de uma política pública que não pode e não deve, em hipótese alguma, ser privatizada por este ou aquele "tutor" partidário ou ideológico, colocando na sociedade, traduzida na diversidade de sua população, a finalidade institucional de sua presença.

Aponta-se assim a perspectiva de crescimento e de superação das desigualdades, quando se pensa e faz uma política nacional de segurança com cidadania e suas influências nos estados e municípios, como revelador de um plano de articulação social.

É a partir dessas reflexões que o coordenador das UPPs sinaliza para os eventos internacionais que acontecerão no Rio – Olimpíadas e Copa do Mundo – como elementos instigadores do estabelecimento histórico, enquanto políticas públicas permanentes, de uma estrutura urbana, humana e turística, que possa receber com segurança, cidadania e democracia, porque é assim o seu dia a dia.

E, como observa, na transitoriedade do que se pode dizer hoje, a experiência que se iniciou no Santa Marta tende a se consolidar como um projeto, cuja prática objetiva legitimidade com a participação da população, no sentido de potencialização do Estado democrático, e não na demarcação de posições de mandatários episódicos.

A ênfase no *ouvir* a população é o critério para as parcerias que estão sendo e que serão estabelecidas.

Moradores do Santa Marta e a UPP
Optou-se por uma avaliação restrita a moradores ligados a instituições internas, como o Grupo ECO, a Rádio Comunitária, ora em funcionamento restrito à Internet, em razão de sua suspensão, por ainda não possuir outorga de funcionamento. Há também o posicionamento de membros da associação de moradores local, ora em processo eleitoral sucessivo.

Do seu início, que foi um experimento, como afirmou também o cel. Robson, a pergunta inicial é: seria política pública? O que se pode afirmar é que há potencial (no sentido da aceitação) para o enfrentamento da violência, nos territórios populares.

Avalia-se que ainda é um experimento focalizado em algumas áreas. Para ser política pública precisa atingir toda a cidade, isto é, ser universal. A evolução ou o passar do tempo é que dirão o alcance da proposta, já em realização, hoje. O enfoque, por exemplo, na UPP Social é pontual.

O sucesso do experimento de quando se entrou no Santa Marta ampliou terreno na polícia e em novas favelas.

É preciso também salientar o imediato apoio de instituição de grande mídia, com participação direta, oferecendo, inclusive, alto-falante.

Alguns elementos, no entanto, marcam singularidade: a ocupação sem confronto; a permanência (com cooperação das mídias locais); a "feminilização" do projeto, com a capitã Priscila, assumindo o comando da UPP do Santa Marta; ainda a incorporação do pessoal recém-formado (concurso para a Polícia), que representa a não repetição de vícios, com simpatia e não com truculência, que deverá marcar a nova cara da polícia.

Moradores continuam avaliando que há, claro, ganhos internos. No entanto, eles são transformados em ganho de imagens que refletem para fora. Neste sentido, o deslocamento da experiência bem-sucedida para a zona norte da cidade, notadamente a Tijuca, se dá por pressão.

O esquema inicial da UPP é para pequenas favelas. As maiores exigem outra estratégia. Quanto ao conflito nos grandes conglomerados, cite-se Maré e Alemão, a UPP passa a ser a "solução", o que criou um problema para a Secretaria de Segurança do Estado do Rio, como se pode ver em alguns sintomas:

– A UPP, a ampliação de experimentos bem-sucedidos. É preciso se constituir em política pública, que, como já foi dito, carece de universalização (para toda a cidade).

– O pressuposto da existência de uma nova polícia – dialogal e não corrupta.

– A explicitação da visão do secretário de Segurança Beltrame, de que o instrumento social não é papel da Polícia, e que Estado e empresas não estão atendendo as necessidades sociais.

– Há problemas internos que têm repercussões, sobretudo na Providência de ações separadas da Secretaria de Estado de Assistência Social e Direitos Humanos e o Instituto Pereira Passos, onde os empresários desejam investir.

– No Santa Marta, por exemplo, não há UPP social. É uma vitrine sem coordenação, onde há ações pontuais da FAETEC, da FIRJAN, do Geep Tour. No entanto, sem informações suficientes para se afirmar como política pública. Há uma reclamação recorrente: a falta de informações e de participação dos moradores na definição e na condução das políticas voltadas para a favela. Um dos exemplos usados é o curso de turismo, realizado pela Fundação Getúlio Vargas (FGV), que se constitui num desrespeito aos moradores, que sequer são chamados, ou, quando muito, chamados para serviços e atividades secundárias.

Salientando a ação da Rádio Comunitária e da ação de grupos organizados do morro, esses moradores tiram suas primeiras conclusões chamando a atenção para uma ideia-força-base em forma de pergunta: a pacificação contribui para a democratização e para a mobilização interna dos moradores?

Encerra-se com uma constatação crítica da fragilidade de construção de política pública, quando não se aceita a comissão de moradores do morro, ficando dessa forma a relação com o poder público reduzida à associação de moradores da favela, que quase sempre não representa a diversidade, a pluralidade e a potencialidade, portanto, do todo.

Visão de estudantes universitários da área de Comunicação

Pode-se observar, inicialmente, a partir da implantação das UPPs, que há uma reconfiguração da representação das favelas na mídia, quando a opinião pública vai criando a perspectiva de uma cidade mais integrada, do surgimento de um Rio de paz.

As mídias locais sempre apresentaram uma boa imagem das UPPs. Foca-se na pacificação do asfalto, contrapondo a tendência à espetacularização do fenômeno da violência, à aventura de sua eliminação.

Elege-se como finalidade da UPP o controle do poder armado no domínio do território conflagrado. A redução das armas, objetivo da UPP, desloca as novas formas de sobrevivência dos "bandidos".

Outra novidade é a possibilidade do acesso às favelas. Assim, as UPPs vão demonstrando que a paz das favelas é a paz da cidade. A tensão, no entanto, permanece, na medida em que a mudança gera instabilidade. A população periférica e interiorana teme a transferência automática do crime para os seus territórios.

A possibilidade de um olhar crítico das UPPs exige a superação do consenso midiático, sem negar, mas com possibilidades de se perceber as contradições de construção da política pública de Segurança, numa cidade de uma sociedade profundamente desigual.

Há críticas coincidentes com os entrevistados anteriormente quanto ao controle localizado das instalações da UPP na Zona Sul do Rio de Janeiro, quando há, a partir da Zona Norte, a exigência de ampliação dos espaços estratégicos dos eventos internacionais.

Se não for por outra razão, a espetacularização do combate ao crime já justifica o papel da mídia. No entanto, o aprofundamento democrático exige transparência nos processos de mudanças, com, quase sempre, governo e sociedade se surpreendendo a cada momento.

Pode-se dizer, ainda, que as UPPs marcaram a mudança de enfoque da mídia, antes mais identificada com a cidade partida. A unificação da cidade (ou o seu cerzimento) passa a ser a utopia da política de governo (ou governamental) e o desejo da sociedade. As contradições, no entanto, não são explicitadas, nem sequer percebidas, pelas mídias.

Mídia, território e cidadania

Há aqui outra questão que se evidencia: a necessidade de se ter uma política mais preparada e mais adequada às contradições da cidade, que não se limite ao uso e abuso das armas, mas se arme das ideias e do pensamento da cidade.

Segundo o que se poderia chamar de opinião pública, à primeira vista, as UPPs surgiram para pacificar as favelas do Rio de Janeiro.

Logo se percebem alguns equívocos de divulgação e de leitura. Quando se fala em pacificação, o foco é a cidade, especialmente o asfalto. E mais contraditoriamente ainda, divulgou-se que as UPPs acabariam com o tráfico de drogas. Não é difícil perceber que os mais preocupados com as consequências são os agenciadores das causas, isto é, o consumo de drogas.

Por outro lado, vive-se a oportunidade da possibilidade de se perceber que a cidade, como um todo, é responsável por tudo o que nela ocorre e que as saídas para todos os problemas são também de responsabilidade do conjunto. Via de regra, as mídias locais, especialmente as comerciais, se sustentam na espetacularização da violência, ao mesmo tempo que precisam territorializá-las, transformando sua solução na saída policial.

Neste sentido, são os dirigentes das UPPs que apontam para leituras sociopolíticas e antropológicas que desnaturalizam ou urbanizam a questão da violência, situando o papel da polícia numa etapa específica de conquista de territórios, no combate às situações armadas, mas, sobretudo com a atenção voltada para a importância de vida para as populações empobrecidas.

O olhar de fora está mediado pelo espetáculo midiático. Por isso mesmo, as diferentes intervenções (comerciais, comunitárias e novas mídias), com poder muito maior de estar o mais próximo possível da realidade, se dão quando os próprios moradores podem emitir os acontecimentos e sua visão: confirmadora ou crítica.

Há opiniões que destacam o papel das UPPs no resgate e na identidade das favelas. Apesar de ser focada na questão de segurança, a UPP desempenha o papel de ir além da pacificação local. Tal iniciativa transforma o espaço, que antes era marcado pelo medo, em lugar onde tanto moradores do asfalto quanto os da favela, se sentem à vontade ou com novas possibilidades de qualificar, formar e até expor e explorar seu potencial.

Um novo mercado turístico cultural se estabelece com todas as suas características.

Na argumentação por vezes linear, que atribui às mudanças apenas caráter político-administrativo, vez que se justificam apenas no foco dos eventos internacionais, parece oportuno discutir a construção da paz na cidade no enfoque histórico dos avanços cidadãos e democráticos.

Para tal, no entanto, que se invoque outro fenômeno internacional, citado anteriormente, ocorrido no Rio de Janeiro no final do milênio-século passado, a ECO 92. Pode se dizer que apesar do processo de democratização em andamento, porém, ainda era muito frágil a sua constituição, sobretudo na dimensão da gestão territorial, cujo interesse comum não é o projeto da população, mas de interesses partidários particulares.

Em tal contexto, percebia-se a "olho nu" a preocupação com a "limpeza" da cidade, não só para a "tranquilidade", mas e sobretudo para o olhar estrangeiro ver uma "cidade limpa". Para isso aplicou-se o método mais eficaz do "recolhimento de mendigos" e o "afastamento" das crianças de rua e de "bandidos", com "negociações" que extrapolavam o âmbito da política pública. Aliás, métodos negados pelo mesmo poder, quando se dava com eventos de dimensão menor, como a gravação do *clip* de Michael Jackson, no Santa Marta. "Eles não gostam de nós", em que as "negociações" se deram entre as "produções": por parte do cantor, estava Spike Lee e do "tráfico", o foragido Marcinho VP.

Trata-se, hoje, de um contexto em que democracia e cidadania (sempre em construção) se consolidam, a partir da relação município, estado e união, e que a segurança não é mais uma questão de polícia, mas sim de política pública.

Conclusões possíveis

O processo de criação da UPP é o sintoma mais importante da complexidade urbana, na medida do desenvolvimento das contradições que se explicitam na ausência de políticas públicas que respondam à superação das desigualdades de toda a cidade. É claro, da consolidação de uma nova política de segurança.

No entanto, o que a observação e seus estudos permitem afirmar sobre o fenômeno UPP e sua expressão de política pública de segurança é extremamente relativo ao curtíssimo espaço de tempo de sua existência, cuja consolidação tem dependências muito mais abrangentes na significação do papel e modelo de Estado, hoje. A expectativa, no entanto, é positiva. Está em jogo a discussão sobre a cidade.

Não é preciso tanta justificativa teórica para se compreender quão simples, quão sofisticado, é o enfrentamento da tensão urbana que sintomatiza na segurança, violência, a busca da solução.

É por demais repetida a contradição da linearidade do senso comum com que é identificada a visão das mídias que localizam a violência nas favelas e nas periferias, como se o empobrecimento econômico, em si, e não o não acesso aos bens públicos, notadamente aqueles ligados ao conhecimento, fosse a causa da violência.

Por que razão a maioria da população afro-brasileira habita esses territórios? Tradição escravista não está na origem-causa de tal fenômeno? E a presença de brancos, como se explica?

No risco da homogeneização do pensamento ocidental, onde o lugar do senhor, apesar dos avanços da diversidade, ainda está no topo, racismo e escravidão ainda precisam ser superados.

A perspectiva da pluralidade afro, como conceituação de afrocidadanização, torna-se *conditio sine qua non* para o tratamento de políticas públicas nas favelas, até agora tratadas como lugar de moeda de troca: violência e repressão.

Está-se diante, hoje, dos clássicos encaminhamentos da história da humanidade, em forma de síntese, no chamado complexo urbano moderno e contemporâneo. Isto é, expõe-se o desafio da arte da guerra, nos combates geradores de interesses mercadológicos e culturais, ao tempo em que a arte da política atualiza Maquiavel, na perspicácia das relações de poder espremidas pela relação dialética entre as contradições da democracia e a limpidez das ditaduras.

A relação-contradição favela-asfalto é reveladora das entranhas de uma só cidade e desafia os gestores públicos e todos os cidadãos que a habitam e constituem o seu lastro institucional complexificado no consumo, no afeto, no labor, no descanso e na preguiça, na religiosidade, no ateísmo e no ceticismo, de enriquecidos e empobrecidos e medianos, na construção ou na desconstrução do hábitat comum e público. É aí que a polícia se contextualiza e redescobre o seu papel.

É ainda nesse contexto que a polícia comunitária e a de coibição do crime precisam se combinar. Aqui se problematiza a intervenção do exército, na medida em que, de si, eles não deveriam se envolver com as mazelas do cotidiano que os moradores enfrentam.

O desafio maior da garantia da paz a partir da lógica da guerra, para que se possibilite o sucesso dos eventos internacionais, exige do Estado, dos empresários, dos moradores nas suas diversas funções, a concretização de políticas públicas duradouras em todos os aspectos, especialmente de uma nova proposta de polícia, como afirma o brasilianista Bryan McCann (*O Globo*, 17/7/2011).

Pode-se concluir, a partir de como se desenrola este momento, que um clima de mudança, no sentido da pacificação e da esperança de novos ares, é algo palpável e sensível na vida urbana.

Isso se faz sentir também no clima receptivo, e mesmo de uma nova cultura de mão dupla na relação com a polícia. Há, no entanto, que se reconhecer a requalificação dos dirigentes de pastas identificadas com o armistício letal, para uma postura dialogal, sustentada com bases teóricas qualificadas, dada a formação de seus dirigentes, na territorialidade da justiça, da segurança e da polícia pacificadora.

Hoje, os dirigentes da Pasta de Segurança, estão sendo aplaudidos, por exemplo, na Casa do Saber, nas universidades e em encontros nacionais e internacionais. Até bem pouco tempo, não só não eram convidados, mas não eram bem recebidos ou não frequentavam tais ambientes.

Procurou-se desenvolver neste capítulo a compreensão dos desafios e das contradições em torno do papel da política pública de segurança no contexto da megalópole. Parece-nos, neste sentido, um avanço da gestão pública, na medida em que seus principais dirigentes (o secretário de Segurança e o comandante-geral das UPPs), já citados, partem de pressupostos políticos que não aceitam atribuir soluções mágicas a experiências que vêm sendo bem-sucedidas. Evitam, por exemplo, UPP social, cultural etc., confundindo-se com dívida social, que se constitui na peça estruturante que divide nosso espaço urbano em favela e asfalto. Paralelismos e assistencialismos podem ser os sintomas de falseamento que setores do governo, nos seus três poderes, executivo, legislativo e judiciário, sob os auspícios da "polícia comunitária", ou de qualquer expressão do poder público, podem estar desempenhando.

O tema da UPP precisa ser discutido pela cidade, pois é uma face de ocupação da mesma, interferindo na liberdade coletiva e individual em tensão, ainda como ação pontual. Não se constitui ainda numa política pública de segurança. Seu sucesso ou seu fracasso atinge toda a cidade.

Pode-se concluir, no entanto, que o momento é dos mais propícios para que se aprofundem e para que se enfrentem as questões urbanas, especialmente onde as mazelas estão expostas na sua origem, quando a ausência da política pública de segurança é mais sentida. No entanto, ela é sintoma, quando as demais políticas públicas não estão desenvolvidas, ou feitas de forma tão desigual.

A nova cultura de segurança será fruto, portanto, de uma nova cultura política (pública) que revolva o tecido urbano, a partir da lógica cidadã e democrática, vale dizer, da autonomia, das diferenças que a diversidade e a pluralidade da cidade exigem.

Conclusão

A favela, de alguma forma, sintetiza, em seu cotidiano, os diversos papéis que as instituições de confinamento cumpriam nas sociedades disciplinares, apesar de seu alto nível de resistência e de incontrolabilidade.

A imprevisibilidade torna-se uma das categorias mais perigosas e, por isso, é rejeitada sumariamente pela ideologia disciplinar e controladora do asfalto. Em alguns momentos é possível voltar até às sociedades de soberania, onde nem o mercado, nem o controle da vida ainda estão em jogo, e sim a decisão sobre a morte. O risco que se abate sobre o pobre e o negro é maior, quando a lógica social e cultural classificatória obedece à sanha do domínio dos poderes econômicos e políticos, que é diretamente proporcional a seu acúmulo.

Diante disso, alguns momentos são definidos a partir das categorias mais perigosas, como a situação de guerra, cuja metáfora se estabelece como dado da realidade ao se dar o confronto "favela/asfalto", ainda que as lutas, na maioria das vezes, possam ocorrer dentro da favela, com a interferência externa, diluída na necessidade da segurança do asfalto, que é a polícia. Essa situação abre ao "inimigo" o leque das possibilidades de defesa, que "normalmente" vai além do cumprimento das normas e das leis que, em si, já são o resultado da forma desigual como a sociedade está organizada.

O papel da polícia torna-se claro quando está diante de qualquer situação conflituosa em que se defrontam interesses ligados à favela ou ao asfalto. Um papel que não pode ser assumido explicitamente, porque, se diante da lei todo cidadão é igual, fica extremamente difícil a constatação dos processos corruptíveis.

Em geral, como também afirmou o já mencionado dr. Hélio Luz, "a favela está contra a polícia. O único poder capaz de fazer frente à superioridade econômica do asfalto é o mercado do tráfico. Por isso é comum se encontrar policiais na rota da droga e na produção da criminalidade daí decorrentes, como sequestro, guerra de grupo ou de quadrilha, para exercer o controle sobre tal espaço".

Esse jogo, às vezes sutil, por vezes claro e direto, atinge seu clímax em momentos de controle de "territórios" que atingem moradores vizinhos ou pontos críticos de passagem. Na relação do tráfico com a polícia ou entre seus diferentes grupos, as vítimas da insegurança e do risco de vida são antes e imediata e diretamente os moradores locais.

Que pontos podem ser levantados diante de diferentes posturas do conjunto da cidade e da sociedade sobre o saber e os saberes, sobre o poder e os poderes que definem ou problematizam, que buscam a confirmação ou a superação do ensaio ou da realização do jogo?

A opção pela cultura como fulcro de transformação política traz consigo a necessidade de inversão das posturas ortodoxas que historicamente foram mudando os eixos centrais da política para a economia, segundo a tradição marxista hegemônica. Não sendo o propósito deste estudo tratar a fundo tal questão, essa passagem é apenas superficialmente indicada, e quer-se com essa observação chamar a atenção para a produção das ideias e a consequente realização das utopias e dos sonhos com possibilidade de se transpor o marasmo, a anomia e o desânimo que aparentemente dão a vitória ao conflito da crise, como se seu estado de ser fosse permanente. O que estaria então em crise?

A postura dos intelectuais, em geral – pela distância que os tem separado das questões mais conflituosas, geradoras dos mais diversos confrontos, sobretudo daqueles de natureza política, que são responsáveis pelo aumento da fome, da miséria, da criminalidade e, consequentemente, do autoritarismo, ainda que disfarçado, sobretudo nos dias atuais, pelo mito do neoliberalismo, que parece assumir uma resposta quase religiosa de salvação –, tem sido quase que completamente ausente do cenário de mudanças e de novas lutas políticas, apesar de sempre terem estado presentes nesse tipo de luta num passado ainda recente.

Parece que hoje se quer transformar as regras do rigor científico em armas que justifiquem um posicionamento até certo ponto cômodo, o de tratar situações inaceitáveis, que resultam em mortes, assassinatos e chacinas, como se fossem situações incontroláveis, na lógica da política como relação do possível, e, dessa forma, permitidas, desde que continuem atingindo os setores mais pobres e marginalizados da população, muito embora isso não se explicite oficialmente, embora seja notável o aumento da mendicância, cada vez mais comum hoje até nos países ricos, ante o olhar distante e, na maioria das vezes, descompromissado dos setores diretamente responsáveis pela sociedade, como é o caso dos políticos e dos empresários.

Às vezes se nota uma certa gangorra entre intelectuais e políticos que acabam se acertando no que se pode chamar de um acordo de classe, apesar de as diferenças econômicas aí se expressarem entre salários que pagam a estabilidade e a concentração de renda e de lucros. Na maioria das vezes as atitudes de omissão acabam se justificando em nome da ambiguidade da neutralidade, que rifa a autonomia e o compromisso com a ética e com a coerência do saber e do poder.

É nesse contexto que se situa a busca do controle e do domínio também desse espaço do saber, que é a sistematização do poder, e vice-versa. E aí está que o grupo de moradores do Santa Marta que, esmerilhados no cadinho do ECO e de aliados próximos, enfrentam o estudo das razões, das causas, dos efeitos e das lacunas do processo de mudanças em algumas favelas do Rio, entre elas a sua própria.

Sem apontar nenhum direcionamento de resposta, é preciso ter clareza de que a existência cada vez maior desse espaço do gueto e da reclusão denuncia o deslocamento do processo social de produção do conhecimento, tornando cada vez mais potencial a candidatura à próxima vítima da criminalidade ou do processo marginal crescentemente espalhado e aparelhado, enquanto os pobres fizerem parte, ilusoriamente, do outro lado da cidade partida.

A favela, e tudo o que nela a cidade afeta e é por ela afetada, não pode ser tratada apenas como mais um dado da realidade. Trata-se de uma realidade doentia e, por isso mesmo, clama por urgência de transformação e não por contemplação, que pode ser apenas contemporização com a injustiça, com a desigualdade e com o autoritarismo, geradores do crime, da chacina e da corrupção, categorias reversíveis, porque resultantes de situações sistêmicas.

As conclusões dos dados colhidos a partir da época mais forte de organização da favela, por meio de seus moradores, dão conta do avanço no processo de conquista dos direitos básicos: luz, água e esgoto, com algumas conquistas ainda nas áreas de saúde e de educação. Todavia, verifica-se também que a continuidade desse processo está diretamente ligada à consciência comunitária e cidadã, não só de sua população, internamente, mas do conjunto da cidade e da sociedade, especialmente aqueles que precisam superar ou bloquear as situações crescentes de exclusão e da consequente reclusão.

Atrelado ao fenômeno da globalização ou a seu mito, o mercado mundial tem se encarregado de fazer chegar de modo cada vez mais articulado, e também mais cruento, a lógica perversa do tráfico de drogas, que não se entende com todo tipo de processo que seja democrático, ético e claro. Por isso inaugura e respira o chamado "poder paralelo", escudado no crime organizado, e tendo como uma de suas funções camuflar a lógica expansionista do mercado, cujos deuses são o lucro e o consumo.

Outro ponto a ser destacado nesse processo dos últimos vinte anos do Santa Marta é a mudança de concepção que vai ocorrendo, como se pode perceber nas entrelinhas do *Jornal ECO*, na relação entre indivíduo e coletivo.

Por um lado, a literatura e as práticas do movimento social e político modelares para o conjunto dos membros do ECO estabeleceram como prioridade a mística em torno do coletivo, tanto pela herança política dos princípios e das ações dos setores de esquerda, onde a luta, a vitória e a organização estavam ligadas ao coletivo, quanto pela tradição teológica e metodológica dos setores progressistas ligados particularmente à Igreja Católica, às Comunidades Eclesiais de Base e à Teologia da Libertação, em que o caráter coletivo das conquistas e das mudanças fazia parte da eleição da luta coletiva para a implantação do reino de Deus na história, que pressupunha a luta conjunta dos filhos, por isso irmãos, na construção da igualdade e da justiça no processo histórico e metódico do ver, julgar e agir que pressupõe a ação coletiva.

De outro lado, a sensibilidade cultural e política para o cotidiano do conjunto dos moradores do Santa Marta foi percebendo o quanto era importante a participação individual e o engajamento pessoal, para que a viela não entupisse, o lixo não acumulasse, os becos e as ruas ficassem transitáveis e, acima de tudo, a autocrítica e a autoestima fizessem parte da vida de cada um.

E para que o Estado, no cumprimento de suas obrigações de caráter público, não falseasse mais ainda sua atuação, criando complicações burocráticas na subdivisão federal, estadual e municipal das necessidades diretas e imediatas desses moradores, como a eletrificação, a limpeza e o saneamento, o ECO e o conjunto da comunidade do Santa Marta, ou sua maioria, foram percebendo a necessidade e a importância de se combinar o interesse, o compromisso e a participação individual com as causas mais gerais da comunidade, que exigem a ação conjunta para se processarem. Dessa maneira, o mutirão, a passeata ou qualquer mobilização coletiva, contra a remoção, contra o autoritarismo policial ou a favor da implantação do posto de saúde, das creches ou mesmo a simples realização da colônia de férias passam a ter um significado novo, como parte da ação de cada pessoa que, dependendo de sua prática, vai modificar a qualidade de vida da comunidade.

A percepção das melhorias na vida da comunidade, com novas conquistas nas políticas públicas e sociais, associadas ao desenvolvimento social e familiar, que permite ao morador local construir sua casa de alvenaria, comprar os eletrodomésticos para seu uso diário, ter emprego, colocar seus filhos na escola etc., passa a ser mais associada à conquista de direitos, do que à dívida, ou sorte do destino. Isto é, a favela que aponta para a existência da cidade em seu território precisa da ponte da cidadania.

Nesse aspecto, o que se pode perceber, sobretudo acentuando-se a década de 1980, nas mudanças ocorridas em favelas, é que, juntamente com as melhorias individuais e coletivas da comunidade do Santa Marta, vários hábitos domésticos e comunitários vão adquirindo novas posturas. Numa casa nova e limpa, por exemplo, não se entra com sapatos sujos ou com outros objetos que não tenham lugar. Segundo avaliação e depoimentos de moradores do local, que ainda não viveram essa experiência, tais casas novas "parecem casas de rico", numa mudança que cria choques culturais, até que se adeque à nova realidade.

A observação guarda uma ponta de ironia que certamente extrapola para diferenças comportamentais na relação entre os espaços doméstico, familiar e público, que com as melhorias tendem a isolar as pessoas que adotam atitudes mais individualistas, em contraste direto com as características solidárias da vida comunitária, inclusive pela facilidade com que os modelos isolacionistas da classe média se impõem, porque sua lógica, iniciando-se pelo consumismo, inunda o conjunto da mídia, especialmente a TV, na forma atraente e coloquial das novelas.

Seria essa uma tendência implacável do modelo urbano a se reproduzir na favela? A solidariedade estaria restrita ao suprimento das necessidades básicas da existência?

Parece que exatamente aí está o nó górdio da questão, isto é, conseguir distinguir o papel público das obrigações do Estado e do cidadão, para com o funcionamento da cidade e da sociedade, e ainda abrir espaço para a manifestação da cultura e da espiritualidade, grávidas da criatividade e das possibilidades de mundos que só o ser humano em harmonia com a natureza, em sua galáxia misteriosa do porvir, é capaz de vislumbrar. Mundos esses que vão para além dos limites burocráticos da manutenção do poder do Estado e das leis instrumentais do mercado. E nessa direção ou perspectiva a favela deixa de ser o lugar da violência – segundo o imaginário do controle pela produção do medo – para manifestar o que a resistência forjou, não só ao impedir as remoções, mas também ao fugir do fogo cerrado das balas ricocheteadas nos combates entre facções, e ao conseguir educar seus filhos em escolas que estão despreparadas para ensinar como conviver com a ruptura exigida pelas lutas de sobrevivência.

A constatação de que não há que se ter a ingenuidade de esperar mudanças estruturais daqueles que manejam os saberes e os poderes como instrumentos de dominação parece ser também uma sábia conclusão da pesquisa sobre mudanças. Pois, nas palavras de Gilles Deleuze, "se o homem da disciplina era um produtor descontínuo de energia, o homem do controle é antes de tudo ondulatório, funcionando em órbita, em feixes contínuos".

"Ao vender serviços e comprar ações", continua ele, "o jogo do capitalismo está freneticamente engajado na 'liberdade' do mercado. E com a 'empresa' tomando o lugar da fábrica, a especulação, a exploração e a corrupção podem rodar na mesma espiral e o controle não se dá mais no confinamento, mas sim no endividamento". Isso certamente leva a enfrentar o dilema ao menos aparentemente incontrolável. Isto é: o de que o capitalismo fez chegar ao menos três quartos da humanidade à extrema miséria e – destarte –, pode se repetir as palavras desse mesmo autor: "O controle não só terá que enfrentar a dissipação das fronteiras, mas também a explosão dos guetos e favelas."

A imagem da "coleira eletrônica", descrita por Deleuze, é das mais coerentes para explicar a situação atual de total submissão da mídia, da eletrônica e da telemática ao esquema empresarial, que tem no marketing o fetiche contemporâneo de justificação do valor, do preço e do lucro e, ao mesmo tempo, consegue manter o consumidor – se possível endividado – distante do processo de produção ou da linha de montagem que permite saber quanto custa ou quanto vale cada ingrediente, que, somados, dão o produto final – o carro, por exemplo.

Na mesma direção desse processo de controle, esquiam os detentores das relações institucionais de poder, quando falam para não receberem respostas da maioria *silenciosa* que, no fundo, representa riscos para todos os projetos de poder, como destinatária e também como remetente.

Quando vista pela perspectiva da esquerda mais ortodoxa, que percebe o barulho da mudança nas manifestações orgânicas do movimento operário e do movimento popular organizado, a tarefa é relegada para a posição marginal, inclusive do ponto de vista do poder, como um setor atrasado que não é capaz de perceber as exigências macro da mudança e fundamentalmente porque, segundo essa visão, está fora do processo de produção.

No entanto, o "silêncio" imposto pela lei marginal faz repercutir o barulho da radicalidade da pobreza, que clama, na algazarra da fome, do crime, do tráfico, a imprevisibilidade que torna cada vez mais insegura e agressiva sua realidade, incompatível com a sociedade da disciplina e do controle.

As burocracias de qualquer autoritarismo se rendem ao porvir do ar e do hálito da liberdade, que clama por um sopro de vida, na manifestação agônica da chacina e da autodestruição.

Nesse clima da procura e da construção da liberdade como critérios fundamentais da mudança, é possível trazer, de novo, o ECO, como uma expressão mínima de oposição consciente, que já há algum tempo vem questionando a forma linear – embora em nome da dialética – de falar das "minorias barulhentas", na expressão de Cristovam Buarque, onde, geralmente, o campo democrático, em sua vertente mais progressista, sustenta-se na explicitação do discurso ideológico. E nesse aspecto, é bom que se frise, mais uma vez, que é o campo cultural o lugar da disputa de todos os setores interessados em dominar também os aparelhos institucionais, incluindo aí os traficantes.

No Santa Marta, e em outras favelas também, nos momentos de disputas eleitorais, fora e dentro das comunidades, são procurados ou redescobertos os espaços do samba, da dança e dos diversos meios de diversão e entretenimento que garantem o lazer e a festa para a comunidade.

O ECO tem questionado esse método de disputa, porque ele se reduz apenas a seu aspecto *eventual* e efêmero, com vista apenas para seu desdobramento imediato de fisiologismo eleitoral.

No entanto, esse é o campo privilegiado da disputa, onde está localizado ou focalizado o desafio de conquistas permanentes de espaços de lazer, de criação e de utopia que resgatem e desenvolvam a autoestima, a identidade e o reconhecimento da cidadania aos moradores de "comunidades carentes".

Passados 11 anos, há conquistas, é verdade, do ponto de vista da presença de políticas governamentais, como a UPP – no objetivo da retomada de território – e outras realizações, que dão visibilidade ao morro, como o bondinho e novas moradias, conferindo ao Santa Marta o status de vitrine. No entanto, o desafio da construção de políticas públicas, e não apenas de políticas governamentais, continua presente.

Referências Bibliográficas

ABRAMO, Helena Wendel. *Cenas juvenis. Punks e darks no espetáculo urbano*. São Paulo: Ed. Scritta, 1994.

ADORNO, Sérgio. "O Brasil é um país violento". In: *Revista Tempo e Presença*, n.284. Rio de Janeiro: CEDI, 1988.

AGAMBEN, Giorgio. In: *Frankfurter Allgemeine Zeitung*, de 20/11/2001, via <http:/libeon.org/library>.

AMARAL, Marcio Tavares de. "O rigor da cultura comunicacional: o paradoxo moderno-contemporâneo". In: *Contemporaneidade e novas tecnologias*. Rio de Janeiro: 7Letras, 1996.

BOBBIO, Norberto. "O futuro da democracia: uma defesa das regras do jogo". In: *Pensamento Crítico*, n.63. Trad. Marco Aurélio Nogueira. Rio de Janeiro: Paz e Terra, 1989.

BOURDIEU, Pierre. *Razões práticas sobre a teoria da ação*. São Paulo: Papirus Editora, 1994.

BRANDÃO, Carlos Rodrigues (org.). *Os Deuses do povo*. São Paulo: Brasiliense, 1980.

_____. *Pesquisa participante*. São Paulo: Brasiliense, 1984.

BREDARIOL, Celso. "Urbanização integrada, um compromisso democrático". In: *Pensar e fazer*. Rio de Janeiro: Assessoria de Comunicação Social da SMDS, 1988.

CABRAL, Muniz Sodré de Araújo. *Reinventando a cultura: a comunicação e seus produtos*. Petrópolis: Vozes, 1996.

CAIAFA, Janice. *Movimento punk na cidade. A invasão dos bandos SUB*. Rio de Janeiro: Zahar, 1985.

CARDOSO, Ruth Correia Leite. "Favela: conformismo e invenção". In: *Ensaio de opinião*, v.4 (2-2). Rio de Janeiro: Inúbia, 1977.

_____ "Sociedade e poder: as representações dos favelados em São Paulo". In: *Ensaio de opinião* v.2. Rio de Janeiro: Inúbia, 1978.

_____ "A violência dos outros". In: *Revista Ciência Hoje*. Rio de Janeiro: SBPC, 1987.

CARR, Edward Hallet. *Que é história*. Rio de Janeiro: Paz e Terra, 1961.

CARVALHO, Cynthia Paes de (coord.) e outros. *Favelas e organizações comunitárias*. Petrópolis: Vozes, 1995.

CASTELLS, Manuel. *A sociedade em rede*. São Paulo: Paz e Terra, 2008.

CASTRO, Rui. *Estrela solitária. Um brasileiro chamado Garrincha*. São Paulo: Companhia da Letras, 1995.

CHALHOUB, Sidney. *Cidade febril – cortiços e epidemias da corte imperial*. São Paulo: Companhia das Letras, 1995.

CHAUÍ, Marilena de Souza. "Saber e poder, alguns fundamentos filosóficos". In: *Revista do CUP*. Centro Universitário de Pesquisa, 1979.

_____. *Conformismo e resistência, aspectos da cultura popular no Brasil*. São Paulo: Brasiliense, 1986.

CLASTRES, Pierre & LEFORT, Claude. *Discurso da servidão voluntária*. São Paulo: Brasiliense, 1986.

COCCO, Giuseppe & HOPSTEIN, Graciela (orgs.). *As multidões e o Império - entre globalização da guerra e universalização dos direitos*. Rio de Janeiro: DP&A Editora, 2002.

DAUSTER, Françoise. *Reflexões seguidas de Hölderlin, tragédia e modernidade*. Rio de Janeiro: Relume Dumará, 1994.

DELEUZE, Gilles & GUATTARI, Félix. *Pourparlers*. Paris: Les Éditions de Minuit, 1972-1990.

_____ *Mil platôs – capitalismo e esquizofrenia* (três volumes). Rio de Janeiro: Editora 34. v.1, 1995. v.II, 1995. v.III, 1996.

_____. *O que é a Filosofia*. Rio de Janeiro: Editora 34 (associada à Nova Fronteira), 1991.

DINIZ, Eli. "Favela: associativismo e participação social". In: BOSCHI, R. R. (org.), *Movimentos coletivos no Brasil urbano*. Col. Debates Urbanos. Rio de Janeiro: Zahar, 1987.

DURHAM, Eunice. "Movimentos sociais – a construção da cidadania". In: *Novos Estudos do CEBRAP*, n.10. São Paulo: CEBRAP, 1984.

EAGLETON, Terry. *A ideia de cultura*. Trad. Sandra Castello Branco. São Paulo: Editora UNESP, 2005.

FCM BRASIL 2006, 2, Rio de Janeiro, 24 a 30 nov e Salvador, 1 a 3 dez. Anais do FCM. Rio de Janeiro: Fórum Cultura Mundial, 2006.

FOUCAULT, Michel. *História da sexualidade – o cuidado de si*. Rio de Janeiro: Graal, 1989.

_____. *As palavras e as coisas*. São Paulo: Martins Fontes, 1992.

_____. *Vigiar e punir*. Petrópolis: Vozes, 1991.

GARCIA CANCLINI, Nestor. *Culturas híbridas – estratégias para entrar e sair da modernidade*. São Paulo: Edusp, 2000.

_____. Políticas culturais na América Latina. Cidade do México: Grijalbo, 1987.

GOHN, Maria da Glória. "Comunidade: a volta dos mitos e os seus significados". In: *Revista Humanidades*, v.VII. Brasília: UNB, 1990.

HOBSBAWM, Eric. *Bandidos*. Rio de Janeiro: Forense Universitária, 1976.

KRISCSHKE, Paulo J. "Movimentos sociais e transição política: contribuição da democracia de base". In: Ilse Scherer-Warren (org.), *Uma revolução no cotidiano? Os movimentos sociais na América do Sul*. São Paulo: Brasiliense, 1987.

LEAL, Ana Beatriz; MUNTEAL FILHO, Osvaldo & ZAMPA, Vivian (orgs.). *Perspectivas da Administração em Segurança Pública no Brasil*. Curitiba: Editora CRV, 2011.

LESBAUPIN, Ivo. "Hegemonia neoliberal, democracia em declínio: reação da sociedade civil". In: LESBAUPIN, Ivo; STEIL, Carlos Alberto & BOFF, Clodovis. *Para entender a conjuntura atual*. Petrópolis: Vozes, 1996.

LIMA, Kant de e RIBEIRO, Luiz César de Queiroz. "Conflito de Interesses". In: *O Globo*, 28/12/2010.

MACHADO, Roberto. *Ciência e saber – a trajetória da arqueologia de Foucault*. Biblioteca de Filosofia e História das Ciências. Rio de Janeiro: Graal, 1982.

MARTINS, Marília. "As mudanças silenciosas". In: *Jornal do Brasil*, "Caderno Ideias", de 24/9/1988.

McCANN, Bryan. In: *O Globo*, 17/7/2011, p. 22.

MELO e SOUZA, Antonio Candido. *Os parceiros do Rio Bonito*. Rio de Janeiro: Paz e Terra, 1982.

MINAYIO, Maria Cecília de Sousa. *O desafio do conhecimento – metodologia de pesquisa social (qualitativa) em saúde*. Rio de Janeiro: Escola Nacional de Saúde Pública/FIOCRUZ, 1989.

MOISÉS, José Álvaro; KOWARICK, Lúcio et al. *Cidade, povo e poder*. Coleção CEDEC, v.5. Rio de Janeiro: Paz e Terra, 1978.

MUNTEAL FILHO, Oswaldo; LEAL, Ana Beatriz & PEREIRA, Iris Silva (orgs.). *Sonho de uma Polícia cidadã: Coronel Carlos Magno Nazareth Cerqueira*. Rio de Janeiro: NIBRAHC/UERJ, 2010.

NASCIMENTO, Elimar. "Hipóteses sobre a nova exclusão social: dos excluídos necessários aos excluídos desnecessários". In: *Cadernos do CRH*, n.21. Salvador: 1994.

NEGRI, Antônio & HARDT, Michel. *Império*. Rio de Janeiro: Editora Record, 2001.

_____. *Jó, a força do escravo*. Rio de Janeiro: Editora Record, 2007.

_____. *Poder constituinte*. Rio de Janeiro: DP&A Editora, 1998.

NEVES, Margarida de Sousa. "Educação popular, enseñansa o vida?". In: *Revista Nueva America*, n.16. Buenos Aires: 1982.

NIETZSCHE, F. *O Anticristo*. Clássicos. Edição Integral. Lisboa: Textos filosóficos Edição 70, 1963.

_____. *A genealogia da moral*. 6.ed. Coleção Filosofia e Ensaios. Lisboa: Guimarães Editores, 1990.

_____. *O crepúsculo dos ídolos*. Textos filosóficos. Lisboa: Edições 70, 1990.

NOVAES, Adauto (org.) e outros. *A crise da razão*. São Paulo: MinC/Funarte/Companhia das Letras, 1996.

PAIVA, D. & ROCHA, A.L. "Força da planície". In: *Era outra História. Política social do governo Itamar Franco 1992-1994*. 1. São Paulo: UFJF/FAP, 2009, v.1, p. 7-293.

PARANÁ, Denise. *O filho do Brasil – de Luís Inácio a Lula*. São Paulo: Xamã Editora, 1996.

PEPE, Atílio Machado. "Associativismo e política na favela da Santa Marta". Dissertação de mestrado do Departamento de Ciência Política. São Paulo: USP, 1992.

PERLMAN, Janice E. *O mito da marginalidade: favelas e políticas no Rio de Janeiro*. Coleção Estudos Brasileiros, v.18. Rio de Janeiro: Paz e Terra, 1977.